Découvrez l'histoire par les archives de presse

RETRONEWS

Le site de presse de la BnF

www.retronews.fr

ANNUAIRE

DE LA

FÉDÉRATION HISTORIQUE LORRAINE

ANNALES DE L'EST
DE LA FACULTÉ DES LETTRES DE L'UNIVERSITÉ DE NANCY
44e année — 1930

ANNUAIRE

DE LA

FÉDÉRATION HISTORIQUE

LORRAINE

II — ANNÉE 1929

Volume publié avec le concours de la Fédération historique lorraine

BERGER-LEVRAULT, ÉDITEURS
NANCY-PARIS-STRASBOURG
1930

TABLE DES MATIÈRES

TROISIÈME CONGRÈS

DE LA

FÉDÉRATION HISTORIQUE LORRAINE

TENU A VERDUN

LE DIMANCHE 30 JUIN ET LE LUNDI 1ᵉʳ JUILLET 1929

———

PREMIÈRE PARTIE

———

COMPTE RENDU

DES PRÉPARATIFS DU CONGRÈS, DES SÉANCES DE TRAVAIL
ET DES EXCURSIONS
STATUTS DE LA FÉDÉRATION HISTORIQUE LORRAINE
BUREAU DES SOCIÉTÉS

———

LES PRÉPARATIFS DU CONGRÈS

Lors de sa réunion à Nancy en juin 1928, l'Assemblée de la Fédération historique lorraine avait décidé dans sa séance du 11, sur la proposition du baron Renault, que le prochain Congrès se tiendrait à Verdun en 1929 à une date qui serait ultérieurement fixée.

A la Société philomathique, la seule que possédait Verdun, incombait la mission de préparer le Congrès. Une commission a été formée de MM. Blume, Lavigne, baron Renault.

Ces messieurs se sont répartis la besogne. Outre la Société philomathique, le Conseil municipal de Verdun, le Conseil général de la Meuse, la Chambre de Commerce de la Meuse, apportèrent à l'entreprise leur concours financier. Enfin le président du Conseil d'alors, M. Raymond Poincaré, renouvelant le geste généreux de 1928, a bien voulu accorder, au nom du Gouvernement, une subvention de 3.000 francs au Congrès de Verdun. Ces différentes subventions ont été pour la plupart obtenues grâce à l'intervention de M. Schleiter, maire, conseiller général et député de Verdun, qui a pris à la préparation du Congrès un intérêt dont la Fédération historique lorraine doit lui être profondément reconnaissante. La Commission s'est occupée des transports, des excursions, du banquet, a obtenu des compagnies de chemins de fer des réductions de tarif pour les congressistes. Enfin il fut décidé que le Congrès se tiendrait le dimanche 30 juin et le lundi 1er juillet 1929.

LES SOCIÉTÉS REPRÉSENTÉES AU CONGRÈS
LES CONGRESSISTES

Dix sociétés comptaient des représentants au troisième Congrès de la F H L. Voici les noms des membres qui ont pris part aux travaux et aux excursions du Congrès.

Meurthe-et-Moselle.

Académie de Stanislas : M. Hottenger, ancien président, de l'Académie.

Société d'archéologie lorraine : M. Ch. Bruneau, professeur à la Faculté des Lettres de Nancy, vice-président; M. A. Gain, professeur au Lycée H.-Poincaré, secrétaire; M. P. Marot, archiviste de Meurthe-et-Moselle, secrétaire adjoint.

la promesse qu'
sistes la méda
de M. Adam q
s'ajouter douz
successeur de N
dailles ont été
Sociétés au Co
aux membres
Congrès. M. H
explications re
dû à quelques-
chot, trésorier
position, est r
Faculté des Let
tion financière
tisfaisante. M.
plémentaires.

On passe en
à l'ordre du jou
F H L des So
L'Assemblée se
tendu qu'avan
Sociétés, des
d'elles par un
également d'ac
congrès aux So
sace et de la F
bres proposent
F H L, mais l
à un autre Cor

La deuxièm
congrès. Doit-c
ou ne vaudra
entraînent, se
deux ans? Les

Société d'études révolutionnaires : M. F. R. Braesch, professeur à la Faculté des Lettres de Nancy, président.

Société lorraine des études locales dans l'enseignement public : M. Robert Parisot, professeur à la Faculté des Lettres de Nancy, président.

Meuse.

Société des Lettres, Sciences et Arts de Bar-le-Duc : M. l'abbé Humbert, aumonier du Lycée, président; M. L. Braye, avoué, docteur en droit, secrétaire; M. Davillé, professeur au Lycée, ancien président; M. Lignot, ancien président.

Société philomathique de Verdun : M. Blume, président; M. l'abbé Roeder, vice-président; M. Jeanjean, secrétaire; M. Lallier, trésorier; baron Renault, bibliothécaire; M. Lavigne, vice-secrétaire; MM. Schleiter, maire, conseiller général et député de Verdun; Péquart, ancien président; Bellot, Berthemy, Couten, Déjardin, Fabien, Fischer, Geoffroy, Humbert, Lantenois, Lefort, Mallet, Queulot, Thomas, Zwicker.

Société des naturalistes et des archéologues du Nord de la Meuse : M. P. Errard, ancien président; M. Lehuraux, vice-président; M. S. Errard.

Moselle.

Académie nationale de Metz : M. Maujean, directeur d'école, secrétaire perpétuel; M. le commandant Klipffel, bibliothécaire-archiviste.

Société d'histoire et d'archéologie lorraine (de Metz) : M. d'Arbois de Jubainville, secrétaire; M. Contamine, professeur d'histoire au Lycée de Metz.

Territoire de la Sarre.

Société des amis des pays de la Sarre : M. Sainte-Claire-Deville, président; M. Guélaud, secrétaire général adjoint.

nière solution sont fortement relevés par plusieurs des congressistes, et finalement l'Assemblée décide qu'il ne sera rien changé.

La Société philomathique vosgienne de Saint-Dié avait demandé que, désormais, les pouvoirs du bureau fussent portés de trois à six ans. L'Assemblée a estimé qu'il n'y avait pas lieu d'apporter aux statuts cette modification. et qu'il suffisait d'ajouter à l'article 7 : les membres sortants sont rééligibles.

M. R. Parisot ayant exprimé le désir de laisser à un plus jeune la présidence de la Fédération, sa demande n'a pas été accueillie.

Un membre de la Société philomathique de Verdun, M. Déjardin, appelle l'attention de l'Assemblée sur la petite ville de Marville, si intéressante par les monuments du passé qu'elle renferme. Le cimetière est en butte à des vols qui prennent des proportions inquiétantes. La distance à laquelle il se trouve de la localité et le manque de gardien rendent ces vols faciles. La Fédération ne pourrait-elle réclamer des mesures de protection. La demande est favorablement accueillie et M. Parisot promet d'entreprendre des démarches en ce sens.

Sur la proposition de M. Maujean, parlant au nom des Sociétés messines, l'Assemblée décide que le prochain Congrès se tiendra en 1930 à Metz.

On passe ensuite à la lecture des communications et l'on entend successivement MM. Davillé, Gain, Errard et Marot, dont on trouvera plus loin les travaux.

LE BANQUET

A midi et demi, les congressistes, au nombre d'une cinquantaine, se réunissaient à l'hôtel Terminus, où un excellent déjeuner leur fut servi. M. R. Parisot, présidait, ayant à sa droite M. Schleiter et à sa gauche M. Campion, sous-préfet de Verdun. Au champagne, des toasts ont été portés par MM. Parisot et Schleiter. Le président de la F H L, qui avait fait, quelques années auparavant, un cours public sur Verdun à travers les âges, a évoqué le souvenir des hommes qui ont illustré la ville. A propos du xie siècle, il a rappelé que Godefroy de Bouillon avait été comte de Verdun et exprimé le vœu qu'un monument évoquât le souvenir du premier roi de Jérusalem. Dans sa réponse, aussi impeccable de forme que pleine de faits, M. Schleiter a fait revivre, lui aussi, le passé glorieux de Verdun, qui fut, comme Metz et Toul, une république autonome durant le Moyen Age et montré qu'il connaissait à fond l'histoire de la ville qu'il administre comme maire et qu'il représente comme député au Parlement.

L'EXCURSION DE L'APRÈS-MIDI

Le programme comportait la visite des Éparges. Malheu reusement, la pluie ne permettait pas d'entreprendre cette excursion qui aurait obligé les congressistes à patauger dans des chemins boueux. On se décida en conséquence à faire la tournée classique : forts de Vaux et de Douaumont, ossuaire, tranchée des baïonnettes. Pèlerinage qu'avait déjà fait la plupart des congressistes, mais toujours plein d'intérêt et d'émotion. Au retour, par une faveur spéciale, les membres du Congrès furent admis à pénétrer dans la crypte du monument de la Victoire, qu'avait inauguré, huit jours auparavant, M. Gaston Doumergue, Président de la République. Ils en admirèrent l'allure grandiose et les superbes ferronneries, œuvre du maître nancéien, Victor Prouvé.

Le soir, quelques-uns des congressistes, rappelés à Metz, à Nancy, à Bar-le-Duc, ou à Sarrebrück, par leur service, quittaient Verdun.

LA SECONDE JOURNÉE
(1ᵉʳ juillet 1929)

LA SÉANCE DE LA MATINÉE

A 9 heures et demie, les membres du Congrès tenaient une nouvelle séance, au cours de laquelle on entendit la lecture des mémoires de M. l'abbé Humbert et de M. Braye.

Puis le baron Renault conduisit les membres du Congrès au musée de guerre qu'il avait eu l'heureuse idée de créer à l'Hôtel de Ville. On y trouve réunis les objets les plus divers, qui, tous, rappellent les souvenirs tragiques de la grande guerre.

LA RÉCEPTION A L'HOTEL DE VILLE

Enfin les congressistes se rendirent dans le grand salon de l'Hôtel de Ville, où ils furent reçus par M. Schleiter, entouré de ses adjoints. M. Parisot présenta ses confrères et dit au maire combien tous avaient été heureux de se trouver réunis dans la glorieuse cité, maintenant reconstruite et touchés de l'excellent accueil qui leur avait été fait. M. Schleiter exprima de son côté la joie que lui causait la présence à Verdun d'hôtes distingués, dont le travail honore le pays. Il montra ensuite aux personnalités présentes le livre d'or sur lequel, au xvᵉ siècle, les évêques de Verdun juraient de respecter les libertés de la cité. Il leur fit voir également la charte par laquelle le cardinal Charles de Lorraine modifia en 1552 la constitution de la ville, lorsque celle-ci eût été occupée par Henri II.

Puis on est passé dans la salle où sont exposées les médailles et les décorations offertes à la Ville de Verdun par les puissances alliées.

M. Parisot appose sa signature sur le registre d'honneur.

LES VISITES DE L'APRÈS-MIDI

L'après-midi, l'incomparable cicerone qu'est le baron Renault fit aux membres encore présents du Congrès les honneurs de la bibliothèque municipale qu'il est en train de reconstituer, de la cathédrale, de l'évêché, des deux citadelles, la haute et la souterraine.

On le voit, le troisième Congrès de la F H L n'a pas moins bien réussi que les deux qui l'avaient précédé. Le mérite en revient à la Société philomathique, et plus spécialement au baron Renault, qui possède des qualités remarquables d'organisateur. Les membres des Sociétés adhérentes à la F H L, venus à l'Assemblée générale du 30 juin et du 1er juillet 1929, sont repartis enchantés de l'accueil cordial qu'ils avaient reçu et pénétrés d'admiration pour les Verdunois, qui ont avec une rapidité merveilleuse, fait sortir leur ville des ruines accumulées en 1916 par les obus allemands.

BUREAU

FÉDÉRATION HISTORIQUE LORRAINE

Président : M. Robert Parisot. *Vice-présidents :* MM. Braye et Sainte-Claire-Deville. *Secrétaire :* M. Braesch. *Secrétaire adjoint :* M. Maujean. *Trésorier :* M. Bouchot.

Bureaux des Sociétés
qui font partie de la Fédération historique lorraine.

Meurthe-et-Moselle.

NANCY

Académie de Stanislas. — *Président :* M. G. Renard. *Vice-président :* M. Ch. Bruneau. *Secrétaire perpétuel :* M. Guyot. *Secrétaire annuel :* Colonel Blaison. *Questeur :* M. Michon.

L'Académie publie tous les ans un volume de Mémoires.

Société d'Archéologie lorraine. — *Président :* M. des Robert. *Vice-président :* M. Bruneau. *Secrétaire perpétuel :* M. Duvernoy. *Secrétaire :* M. André Gain. *Secrétaires adjoints :* MM. Maure et Marot. *Trésorier :* M. Delaval. *Bibliothécaire :* M. Ch. Sadoul.

La Société publie tous les deux ou trois ans un volume de Mémoires et tous les deux mois un Bulletin; elle fait paraître en outre des volumes de documents.

Comité d'études pour la recherche et la publication des documents concernant l'histoire économique de la Révolution française. — *Président* : M. Braesch. *Vice-président* : M. R. Parisot. *Secrétaire* : M. Boyé. *Secrétaire adjoint* : M. Michon.

Le Comité a publié des Cahiers de doléances.

Société lorraine des études locales dans l'enseignement public. — *Président* : M. R. Parisot. *Vice-présidents* : M. Signoret, Mlle Grünfelder, MM. Billionet, Boyé, Coulon, Poirot, Ch. Sadoul, *Secrétaire* : M. Ehrenfeld. *Trésorier* : M. Martin.

La Société publie un Bulletin, qui paraîtra trois ou quatre fois par an.

Meuse.

BAR-LE-DUC

Société des Lettres, Sciences et Arts. — *Président* : M. Lignot. *Vice-présidents* : MM. l'abbé Humbert et Collot. *Secrétaire* : M. Braye. *Secrétaire adjoint* : M. Destoor. *Trésorier* : M. Baudot. *Bibliothécaire* : M. Rousset.

La Société publie tous les ans un volume de Mémoires, tous les six mois un Bulletin, et, à des intervalles irréguliers, des volumes de documents.

MONTMÉDY

Société des naturalistes et des archéologues du Nord de la Meuse. — Le bureau de cette Société est ainsi composé : *Président* : M. P. Errard. *Vice-président* : MM: Collignon et Pillot. *Secrétaire-trésorier* : M. Santt.

La Société publiait un Bulletin trimestriel.

VERDUN

Société philomathique. — *Président* : M. Blume. *Vice-président* : M. l'abbé Rieder. *Secrétaire général* : M. Jeanjean.

Trésorier : M. Lallier. *Bibliothécaire :* Baron Renault, *Vice-bibliothécaire :* M. Lavigne.

La Société publie à des intervalles irréguliers des travaux d'érudition et, en 1927, un Bulletin.

Moselle.

METZ

Académie nationale. — *Président :* M. Baudoin-Bugniet. *Secrétaire :* M. Maujean. *Trésorier :* M. d'Arbois de Jubainville.

L'Académie publie tous les ans un volume de mémoires.

Société d'histoire et d'archéologie. — *Président :* M. Guy de Wendel. *Secrétaire général :* M. d'Arbois de Jubainville. *Trésorier :* M. Zeliqzon.

La Société a créé des groupes locaux qui ont respectivement pour centres Saint-Avold, Sarrebourg, Sarreguemines, Thionville, et Hayange, chacun de ces groupes a son bureau.

La Société publie tous les ans un Annuaire, et conjointement avec d'autres Sociétés messines, les *Cahiers lorrains,* qui paraissent dix fois par an. Elle publie aussi des volumes de documents.

Société des études locales. — *Président :* M. Grosdidier de Matons. *Secrétaire :* M. Bosch, directeur d'école. *Trésorier :* M. Sidot, directeur d'école.

Comité d'études pour la recherche et la publication de documents concernant l'histoire économique de la Révolution française. — *Président :* X..... *Vice-président* M. Étienne. *Secrétaire :* M. D'Arbois de Jubainville. *Secrétaire adjoint :* M. Carrez. *Trésorier :* M. Christiany.

Vosges.

ÉPINAL

Société d'émulation des Vosges. — *Président :* M. Philippe. *Vice-présidents :* MM. Guatier et Étienne. *Secrétaire :* M. Derasey. *Secrétaire adjoint :* M. Najean. *Trésorier :* M. Bossert.

La Société publie tous les ans des Annales et tous les trois mois un Bulletin.

Comité d'études pour la recherche et la publication de documents concernant l'histoire économique de la Révolution française. — *Président :* M. Philippe. *Vice-président :* M. Rimay. *Secrétaire :* M. Bonnamy. *Secrétaire adjoint et trésorier :* M. Schwab.

La Société a publié des documents concernant la vente des biens nationaux.

SAINT-DIÉ

Société philomathique vosgienne. — *Président :* M. Jacquet. *Vice-président :* M. Peccate. *Secrétaire :* M. François. *Trésorier :* M. Grelot. *Archiviste :* M. Pierrot.

La Société publie tous les ans un volume de Mémoires.

Territoire de la Sarre.

SARREBRUCK

Société des amis des pays de la Sarre. — *Président :* M. Sainte-Claire-Deville. *Vice-président :* commandant Lanrezac. *Secrétaire général :* M. Herly. *Secrétaires généraux adjoints :* MM. Guelaud, Brazier. *Trésorier :* M. Vinet. *Membres :* MM. Raspail, Martin-Favre, Griner, Delmer.

La Société publie tous les ans un Bulletin.

DEUXIÈME PARTIE

COMMUNICATIONS FAITES AU CONGRÈS DE VERDUN [1]

C'EST A VERDUN-SUR-MEUSE ET NON A VERDUN-SUR-DOUBS

QUE

Lothaire Ier, Louis le Germanique et Charles le Chauve

ont partagé en août 843

LES ÉTATS DE LEUR PÈRE

Tous les historiens qui, dans ces derniers temps, ont étudié le règlement de la succession de Louis le Pieux, Dümmler, Mühlbacher, Pouzet, Kleinclausz, Lot et Halphen avaient admis que le partage de 843 avait été opéré à Verdun-sur-Meuse. Mais tout récemment, M. Funck-Brentano a prétendu que Verdun-sur-Doubs avait été le théâtre de l'événement.

(1) Les Mémoires de MM. R. Parisot et Contamine n'ont pas été lus au Congrès; ils remplacent celui de M. S. Errard, qui n'a pas été remis au bureau de la F H L.

« Les trois frères [Lothaire Ier, Louis le Germanique et Charles le Chauve] aboutirent enfin au fameux partage de Verdun (juin 843). Il s'agit — non de Verdun-sur-Meuse, dont la dernière guerre a immortalisé le nom — mais de Verdun-sur-Doubs en Saône-et-Loire (1). Nithard le dit expressément : *Verdun non loin de Mâcon.* (2) »

Une affirmation aussi catégorique, s'appuyant sur le témoignage de Nithard, est de nature à faire impression sur les lecteurs de M. Funck-Brentano. Par malheur, elle manque de fondement. Nithard, dont le quatrième et dernier livre des *Histoires* s'arrête en mars 843 (3), n'a pas dit un mot du traité de Verdun. C'est donc à d'autres sources que nous devons nous adresser pour savoir en quel endroit Lothaire Ier, Louis le Germanique et Charles le Chauve ont procédé au partage des États de leur père. Consultons successivement les Annales et les documents diplomatiques.

Les *Annales Bertiniani* (4) se contentent de dire : « Karolus ad condictum fratribus obvians, penes Virodunum conjungitur ». Plus précises, les *Annales Fuldenses* |s'expriment ainsi : « Apud Virodunum Galliae civitatem tres reges

---

(1) Cette localité est un chef-lieu de canton de l'arrondissement de Chalon-sur-Saône.

(2) FUNCK-BRENTANO (Fr.), *L'histoire de France racontée à tous. Les origines,* p. 370. Paris, Hachette, s. d., 399 p.

(3) Le dernier événement dont NITHARD fasse mention est une éclipse qui se produisit le 20 mars (*Historiæ*, l. IV., c. 7, p. 144 et 145 de l'édition donnée par LAUER dans les *Classiques de l'histoire de France au Moyen Age*).

Nous savons par NITHARD, *Historiæ*, l. IV, c. 3 et 4, p. 124-131, de l'éd. LAUER, qu'en juin 842 des pourparlers s'engagèrent entre les trois fils de Louis le Pieux. Lothaire, Louis et Charles se rencontrèrent le 15 juin dans une île de la Saône nommée *Ansilla*, non loin de Mâcon, conclurent une trêve et décidèrent que le 1er octobre suivant leurs délégués se réuniraient à Metz pour y préparer le partage définitif des territoires dont se composait l'Empire franc. NITHARD, d'ailleurs, ne parle pas de Verdun à propos de l'entrevue des trois frères. Par une singulière inadvertance, M. FUNCK-BRENTANO a reporté à 843 les pourparlers de l'année précédente, supposé qu'ils avaient abouti promptement à un résultat, et, chose encore plus extraordinaire il a métamorphosé en Verdun l'île d'*Ansilla*, qui, elle, était située près de Mâcon : *Propter civitatem Madasconis.*

(4) *Annales Bertiniani, ad annum 843,* p. 29 de l'éd. donnée par WAITZ dans la collection *in usum scolarum* tirée des *Scriptores rerum germanicarum.*

mense augusto convenientes regnum inter se disper-
tiunt » (1). Le terme de *civitas* convient à Verdun-sur-Meuse,
chef-lieu d'un diocèse et d'un comté, mais ne peut s'appliquer à Verdun-sur-Doubs, qui n'était ni l'un ni l'autre.

Voyons si la formule de date des diplômes de Lothaire
et de ses frères nous fournit des indications sur l'itinéraire suivi par ces princes en 843. Nous n'avons qu'un seul
des actes rendus au nom de Louis le Germanique au cours
de cette année; il est du 31 octobre et il ne nous apporte
aucun éclaircissement (2). Les diplômes de Lothaire nous
le montrent à Aix-la-Chapelle le 18 avril, le 16 mai et le
11 juin (3), à Gondreville (4), le 22 août (5), età Remire-
mont le 28 et le 29 du même mois (6). Nous trouvons
Charles le Chauve à Attigny (7) le 5 juillet (8), à Quercy-
sur-Oise (9) le 30 août (10). Verdun-sur-Meuse s'intercale
naturellement dans l'itinéraire de Lothaire entre Aix et
Gondreville, dans celui de Charles entre Attigny et Quiercy.
Il n'en va pas de même de Verdun-sur-Doubs.

Annales et diplômes nous donnent des probabilités en
faveur de Verdun-sur-Meuse, rien de plus. Voici, pour finir,
un document qui nous apportera une certitude. C'est
l'échange conclu le 10 août 843 entre Erchanbert, évêque
de Freising (11), et un noble nommé Baldric. On lit

---

(1) *Annales Fuldenses, ad annum 843*, p. 34 de l'éd. donnée par KURZE dans la collection *in usum scolarum* tirée des *Scriptores rerum germanicarum.*

L'abbé CLOUËT, *Histoire de Verdun*, t. I, p. 251 et suiv., s'est appuyé uniquement sur des documents annalistiques pour démontrer que le traité de 843 avait été conclu à Verdun-sur-Meuse.

(2) MÜHLBACHER, *Regesten des Kaiserreichs unter den Karolingern*, 2e éd., 1904, p. 578, nº 1374 (1335).

(3) MÜHLBACHER, *op. cit.*, p. 454, nᵒˢ 1102, 1103 et 1104 (1067, 1068 et 1069).

(4) Meurthe-et-Moselle, Toul-Nord.

(5) MÜHLBACHER, *op. cit.*, p. 455 et 456, nᵒˢ 1104, 1105 et 1106 (1070, 1071 et 1072).

(6) ID., *ibid.*, p. 456, nᵒˢ 1107 et 1108 (1073 et 1074).

(7) Ardennes, ch.-l. de canton de l'arrondissement de Vouziers.

(8) *Recueil des historiens des Gaules et de la France*, t. VIII, p. 443, nº 22.

(9) Aisne, Laon, Coucy-le-Château.

(10) TARDIF, *Monuments historiques, Cartons des rois*, nº 142.

(11) Chef-lieu de district du cercle de la Haute-Bavière.

dans l'exposé de l'acte consacré à cette transaction : « Idem episcopus [Erchanbertus] idemque vir nobilis [Baldricus] convenerunt in loco nuncupato Dungeih, juxta civitate Viriduna, ubi trium fratrum, Hlodharii Hludowici et Karoli facta est concordia et divisio regni ipsorum » (1). Aucun doute n'est possible, Dungeih est certainement Dugny (2), localité située à quelques kilomètres au sud de Verdun-sur-Meuse. C'est donc bien dans cette ville qu'a eu lieu le partage des États de Louis le Pieux entre ses trois fils.

L'événement se place — non en juin — comme le prétend à tort M. Funck-Brentano (3) — mais en août, et, selon toute vraisemblance, dans la première quinzaine de ce mois, un peu avant ou un peu après le 10, date de l'échange conclu entre Erchanbert et Baldric (4).

Est-ce pour Verdun-sur-Meuse un titre de gloire d'avoir donné son nom au traité de 843? En aucune façon. Cette ville, comme l'ancienne Austrasie, dont elle faisait partie, subit, depuis bientôt onze siècles, les conséquences funestes du démembrement de l'empire franc.

R. PARISOT.

(1) MEICHELBECK, *Historia Frisingensis*. Tomi I pars altera instrumentaria, p. 320, n° DCXXIX, Augustæ Vindelicorum, 1724, in-4°.

De nombreux témoins, parmi lesquels figurent le comte du palais Frithilo et cinq autres comtes, étaient présents à l'échange.

(2) Meuse, Verdun. C'est évidemment à Dugny que Louis le Germanique avait établi son quartier général.

(3) Ce sont les pourparlers de 842 qui ont eu lieu dans le courant de juin (Voir ci-dessus, p. 18, n. 3.).

(4) « Anno Domini DCCCXLIII. Actum die decim. mensis VIII, hoc est IIII idus augusti » (MEICHELBECK, *op. cit.*, p. 321).

NOTES

L'INTRUSION BOURGUIGNONNE EN LORRAINE
AU XVe SIÈCLE

LES NEUFCHATEL ET LA MAISON D'ANJOU

La première chapelle, qui flanque le mur sud de la nef de l'église des Cordeliers de Nancy, est ornée du tombeau de Thiébaut de Neufchâtel, seigneur d'Héricourt, capitaine général de Bourgogne, fils aîné de Thiébaut IX. Ce tombeau est comme le témoin, dans ce sanctuaire lorrain, des relations de la famille bourguignonne des Neufchâtel et des ducs de Lorraine. Ce monument n'a été transporté aux Cordeliers qu'à une date récente, en 1818; il avait été élevé dans l'église du prieuré de Belval, où ce Thiébaut de Neufchâtel avait élu sépulture (1).

(1) Ce monument porte cette inscription mutilée : HAULT ET PUISSANT SEIGNEUR, MONSEIGNEUR THIÉBAUT DE NUEF... On a cru longtemps que ce Neufchâtel devait être identifié à Thiébaut IX. M. Chr. PFISTER (*Hist. de Nancy*, t. I, p. 632-635) et M. Paul FOURNIER (*Hist. de Chaligny*, p. 102, n. 1) ont observé que ce seigneur avait été inhumé à Lieucroissant et, par élimination, sont arrivés à cette conclusion que, parmi les membres de la famille de Neufchâtel ayant porté le prénom de Thiébaut, seul Thiébaut X, fils de Thiébaut IX, avait pu être enterré à Belval. Nous avons trouvé la confirmation de cette identification dans une des dispositions du testament de Thiébaut IX (28 octobre 1463), par laquelle celui-ci ordonne la fondation de messes au prieuré de Belval « pour les âmes des comtes de Vaudémont et de Thiébaut de Neufchâtel, jadis seigneur d'Héricourt, capitaine général de Bourgogne, son bien aimé fils, qui y sont inhuméz » (*Trésor des Chartes de Lorraine, Layette testaments des Particuliers*, n° 11).

On sait que les Neufchâtel eurent d'importantes possessions dans la vallée de la Moselle. Alice de Vaudémont-Joinville avait épousé Thiébaut VII de Neufchâtel. Son fils, Thiébaut VIII, devint seigneur de Châtel-sur-Moselle, Bainville-aux-Miroirs et Chaligny. Les Neufchâtel soutinrent les intérêts de leurs maîtres, les ducs de Bourgogne, en Lorraine. Ils essayèrent maintes fois de faire pièce aux ducs de Lorraine, voire même de les trahir. M. Paul Fournier (1) et M. l'abbé Olivier (2) ont retracé l'histoire des Neufchâtel dans la Haute-Moselle (3). Notre dessein est de rappeler, en usant de documents inédits, quelques épisodes de la lutte des Neufchâtel et des ducs de Lorraine.

I

A la fin de l'année 1451, les gens du duc de Lorraine eurent vent que le maréchal de Bourgogne Thiébaut IX de Neufchâtel avait l'intention de s'emparer de Lunéville par surprise. On arrêta deux agents bourguignons suspects, on les interrogea et on obtint des aveux. Pour laisser au récit sa vivacité, nous suivrons de très près le procès-verbal de l'enquête (4).

Le 17 mars 1452, le duc de Calabre donna ordre à Jean de Veroil, licencié en lois, demeurant à Châlons en Champagne, et à Jennot Merlin, président de la Chambre des Comptes de Bar, de faire le procès « de ung appelé Lendemant », prisonnier à Nancy « pour la suspicion d'avoir volu traïr la ville de Lunéville ». Le samedi suivant, on commença l'interrogatoire du prévenu en présence de Jean Marlier, prévôt de Nancy, Warry de Châtenois, secrétaire

---

(1) *Chaligny, ses seigneurs et son comté.* Nancy, 1907, p. 62 et seq.
(2) *Châtel-sur-Moselle avant la Révolution.* Épinal, 1898, p. 36 et seq.
(3) Sur les Neufchâtel on peut consulter le travail de LOYE, *Histoire de la seigneurie de Neuchâtel-Bourgogne.* Montbéliard, 1890.
(4) Celui-ci est conservé à la Bibliothèque nationale, Collection de Lorraine, vol. 9, f°s 110r°-129r°.

du duc, et Gérardin de Laxou, clerc-juré et tabellion à Nancy.

Lendemant était né, en la ville de Marsal-en-Saulnois (évêché de Metz), de Colin Priette, vigneron, et de Catherine, sa femme. Il demeura vingt-huit ans en l' « hôtel » de son père. Après la mort de celui-ci (1438), il vécut avec sa mère. Tantôt il chevauchait dans la compagnie de « Xaffenant de Marsal » (1), tantôt il cultivait les vignes de sa mère. Puis, en 1448, il vint à Haudonville « au service de messire de Parroiez (2), avec lequel il chevauchoit et servoit comme varlet de guerre ». C'est alors qu'il épousa une certaine Marguerite, auparavant femme de Clausse, « lequel fut pendus par les gens du roy estans au Vaul de Metz environ l'an mil IIIIC et xliiij ». Il passa au service de l'évêque de Metz « et fut son messagier a Vy [Vic] portant sa boiste et sez armes ». Il demeura ensuite à Lunéville de la Saint-Pierre 1450 à la Saint-Jean-Baptiste 1451 : il « ouvroit aux vignes ». Mais, trouvant son gain insuffisant, il s'établit à Charmes et se loua à Guillemin Davïd, châtelain, pour huit francs par an « avec son vivre et vestement ». Sa femme se loua à Huguenin le tavernier, qui demeurait à Châtel-sur-Moselle. Lendemant ne tarda pas à abandonner Guillemin David pour aller au service de Liébaut de Thuillières et passa, avec celui-ci, sous les ordres de Thiébaut de Neufchâtel. A la Saint-Remy 1451, il suivit Liébaut pour « résister » à une course que « vouloient faire les Alemans, comme l'on disoit ». Il « se departit » de la compagnie de Liébaut et celui-ci lui donna une livrée aux couleurs du maréchal de Bourgogne, une « robe de blanc gris a une manche écartelée de violet ». Lendemant revint alors habiter avec sa femme et gagna sa vie à battre à la grange et à « ouvrer en la maison qui faisoit faire neufve le bailli de Chatel ».

(1) Peut-être un membre de la famille de Marsal.
(2) Ferry de Parroy (?)

Le mardi des fêtes de Noël, le maréchal de Bourgogne demanda à Liébaut s'il voulait l'aider à s'emparer de Lunéville et lui promit, en cas de réussite, « le tiers de la dicte ville ». Lendemant accepta.

Il s'en retourna alors à Lunéville en l'hôtel de Girardin Roideranne, boucher, où il avait demeuré pendant son séjour à Lunéville. Il obtint la complicité de Roideranne. Voici ce que l'on imagina pour s'emparer de la ville : Lendemant amènerait à Lunéville, par la porte Joly (1), dix compagnons de guerre de Châtel-sur-Moselle « habilliéz de manteaulx et de bourdons de drap a la façon de pelerins ». Ces faux voyageurs seraient logés « la moitié en l'hostel et taverne de la vefve de feu Jehan de Villez et l'autre moitié en l'hostel de Crespy ». Dix autres compagnons entreraient par la porte de Chanteheu et seraient logés en la grange du Juif, dix autres seraient introduits par la porte du Pont et iraient chez Adam de Sainte-Apoline, dont ils feindraient d'être les parents.

A la faveur de la nuit, ces trente hommes se dissimuleraient derrière les remparts et, avec la complicité du guetteur, feraient des signes convenus aux hommes d'armes qui, massés à l'extérieur, du côté du moulin de Gerbéviller, devaient procéder à l' « echiellement » de la ville. Pour marquer l'heure de cette opération, le guetteur dirait aux assaillants « que les poires et les pommes étaient bonnes avec le vin ». Les gens du maréchal de Bourgogne dresseraient alors leurs échelles et escaladeraient les remparts, puis rompraient la porte Joly « et par icelle devoient entrer l'embuche qui devoit estre embuchee dairrier la chapelle au cémitiere de la ville estans pres de

(1) L'enceinte de Lunéville était percée de trois portes : « la porte Saint-Nicolas ou du Pont, aboutissant aux deux ponts élevés sur les bras de la Vezouse; la porte Saint-Jacques ou d'Allemagne [ou encore de Chanteheu], à peu près sur l'emplacement du théâtre; la porte Saint-Georges ou Joly, dans la Grande-Rue, au bas de la rue du Temple, ainsi nommée parce qu'elle conduisait à la commanderie Saint-Georges qui eut pour commandeur, de 1419 à 1438, un certain Jean Joly » (H. BAUMONT, *Histoire de Lunéville*. Lunéville, 1900, p. 19).

la porte Joly ». Telles furent les déclarations de Lendemant; elles furent, d'ailleurs, contredites par les officiers
du maréchal de Bourgogne qui déclarèrent le 28 mars
que les affirmations de Lendemant n'étaient que des
impostures. Le 1er avril, Marlier, prévôt de Nancy, fit
venir l'inculpé au Change (1) « devant le peuple assis, tant
qui poroient estre mil personnes ». Il déclara que Lendemant estoit digne de recevoir la mort », d'être écartelé
et d'avoir la tête coupée, ce qui fut fait sur le champ.

Le 29 avril 1452, à Neufchâteau, en Lorraine, devant
Jacquot de Savigny, bailli des Vosges, Simonin Loyon,
procureur général, Jean Thilequin de Mirecourt, secrétaire
du roi de Sicile, lieutenant du bailli de Vosge, Renaud de
Nouroy, maire de Neufchâteau, Jacquot Thielequin,
prévôt de Châtenois, et Jean Garin, tabellion, on commença
l'interrogatoire d' « ung appelé Johannes l'eschilleur,
estant prisonnier au lieu du Nuefchastel sur la suspicion
qu'on avoit au dit Johannes qu'il ne fut de la compaignie
de ceulx qui avoient intencion d'entreprandre de gaingnier
la ville de Lunéville et autres places en Lorraine, estans
au seigneur roi de Sicile, et aussy pour ce qu'il ne voùloit
repartir de Mirecourt et emmener tout son mainnage pour
aler demeurer a Faucongney (2), ou comté de Bourgongne ».

Ce Johannes « ne se gouvernoit fors que de ses rentes et
de servir en guerre ». Il se disait natif de la comté d'Armagnac et fils d'un gentilhomme Remonnet de Guegent.
Il n'avait pas conservé le souvenir du nom de sa mère,
« pour tant que quant il se partit de l'hostel son peire,
il n'avoit que environ huict ans ». Cette famille *de Guegent*
ne nous est pas connue (3) et, chose curieuse, les documents
bourguigons déclarent Johannes homme de guerre alle-

---

(1) C'est au Change, place des Dames, que les échevins de Nancy tenaient leurs
audiences (Cf. Chr. PFISTER, *op. cit.*, t. I, p. 153).

(2) Faucogney, Haute-Saône, arr. Lure, ch.-l. cant.

(2) Notre confrère, M. Charles Samaran, bien connu pour ses études sur le comté
d'Armagnac, veut bien nous dire qu'il ignore cette famille.

mand (1). Les origines de cet aventurier sont donc très obscures.

Pendant ses jeunes années, déclarait-il, « ung sien oncle bastart, nommé le Bourg de Montegnach, le print pour estre son paige et l'emmenait a la guerre de France au service du roy contre ces Anglois et lez Bourguignons et aussy demeura avec son dit oncle environ sept ou huict ans ». Il s'en alla demeurer ensuite en la compagnie d'un sien parent qu'il nomme dans sa déposition « Aregnault Guillaume ». Il fut « poursuivant de guerre » au service du roi de France, jusqu'à ce que le fameux capitaine d'écorcheurs Fortepice vînt au lieu de Montargis vers le dit « Aregnault ». C'est alors que Johannes « se fit frère d'armes » de Fortepice. Il le suivit en Auxerrois et en Nivernois (2) et de là en Lorraine, lorsque Fortepice vint au service d'Antoine de Vaudémont. Il assista au siège d'Echenay. Il apprit ainsi le métier d' « eschelleur ».

Il paraît avoir abandonné Fortepice devant Echenay (mai 1438) (3) : « Il fit alors prier a messire Errart du Chastellet, lors gouverneur [du duché de Lorraine], qu'il peut avoir assurément de parler a lui ». Erard du Châtelet le prit au service du duc de Calabre et Johannes resta dans la compagnie d'Erard jusqu'à ce que Mirecourt, alors occupé par Floquet, le capitaine d'écorcheurs, fut revenue aux mains du duc de Lorraine (4).

Il fit ensuite de Mirecourt sa résidence. Il épousa « une « jeusne fille appellee Gienette, fille de feu Jehan de la Bavière » (?). Vers 1440, il fut mandé par Guillaume de Baufremont, sire de Scey-sur-Saône. Guillaume voulait reprendre

(1) Cf. *infra*.
(2) Sur ces campagnes des écorcheurs, cf. TUETEY, *Les écorcheurs sous Charles VII*, t. I, p. 46.
(3) Cf. *ibid.*, p. 46, n. 2.
(4) Le comte de Vaudémont avait enlevé Mirecourt avec l'aide de Fortepuis et de Floquet (TUETEY, *op. cit.*, p. 67) le 23 octobre 1438. Mirecourt revint au pouvoir du duc de Lorraine le 8 décembre 1439 (*Ibid.*, p. 70).

Châteauvillain dont le fameux damoiseau de Commercy s'était emparé (1). Il requit l'aide de Johannes moyennant cinq cents florins d'or, somme dont Johannes « était encore à paier » en 1452 : « Sur ce [Johannes] fit tellement son devoir qu'il gaingnait [Châteauvillain] d'eschieles », en la compagnie du duc de Bourgogne. Il revint ensuite à Mirecourt.

En 1442, il fut employé par Philippe le Bon à l'expédition de Luxembourg « et retenu aux gages d'icellui parmy six vingtz frans, chascun an ». C'est alors qu'il se distingua particulièrement; les documents bourguignons nous ont conservé le souvenir de ses exploits au siège de Luxembourg de 1443 (2). « Ly estant en garnison avec monseigneur d'Atampte, monseigneur le bastart de Bourgogne, Guillaume de Grenant et autres capitaines estant en garnison a Aixe, assés pres de Lucembourg, esquelles courses faisans, il pourgetait le lieu par ou on la pourroit gaingnier d'eschielles et ly sembla qu'il y avait lieu assés propice pour ce faire et depuis [s'en] fut devers [le duc] de Bourgongne au lieu d'Arlon en la compaignie des dits capitaines, disans qu'ilz avoient pourgetiés et veus lieu assés propre et convenable pour gaingner la dicte Lucembourg. Adonc [le duc] de Bourgongne leur deist qu'il falloit qu'il se feist et depuis y furent pourgettier par nuyt et tellement firent qu'elle fut gaingnée d'eschielles ». Johannes était accompagné, selon Olivier de la Marche (3), d'un autre « eschelleur », Robert de Bersat; mais, d'après le même

---

(1) Cf. *ibid.*, p. 16-18.

(2) Cf. *ibid.*, p. 55 : « Vers le même temps, le duc Philippe s'assurait le concours d'un autre étranger beaucoup plus obscur, Johannes de Gagen, homme de guerre, et lui accordait une pension annuelle de 120 livres, motivée par le bon témoignage qui lui avait été fait de son *abilité et grant industrie*. Ce Jean de Gagen était probablement quelque Allemand expert dans l'art de gouverner les canons et les autres engins analogues (Ch. des Comptes de Dijon, B 11746 (*sic*) [il faut lire 11740]), à moins que ce ne soit cet eschelleur audacieux du nom de Johannes qui, en 1443, dirigea la surprise par escalade de la Ville de Luxembourg ». Ce que nous disons montre que Johannes l'échelleur n'est autre que Johannes de Gagen.

(3) *Mémoires*, éd. H. BEAUNE et J. D'ARBAUMONT; Soc. hist. de France, t. II, p. 35-37.

chroniqueur, « le principal » était Johannes. Olivier de la Marche ajoute que Johannes « scavoit parler » l'allemand, ce « qui moult proffita » « et qu'il escalada le premier les murailles ». Pour récompenser l' « eschelleur », Philippe le Bon lui donna « lequel des hostelz de la ville qu'il voulut choisir ». Johannes vendit ensuite cet hôtel au duc de Bourgogne pour huit cents francs.

Johannes revint à Mirecourt et, sa première femme étant morte, épousa demoiselle Barbe de Boulach (1). Le seigneur de Charny, Pierre de Beaufremont, l'avait mandé pour reprendre son château de Beaufremont qui avait été confisqué par le duc de Lorraine (2); Johannes s'y refusa. Enfin, un messager fut dépêché vers lui à Mirecourt par le maréchal de Bourgogne. Il reçut ce messager dans sa cuisine, « se tira en la chambre derrier ou estoit sa femme, par laquelle il fit lire les lettres » que lui adressait Thiébaut de Neufchâtel. Le maréchal le mandait en Bourgogne, Johannes répondit qu'il s'y rendrait. Il rencontra donc Thiébaut; celui-ci lui dit de venir habiter en Bourgogne et lui offrit de collaborer à l'entreprise de Lunéville : des traîtres « devoient mestre gens d'armes dedens par la porte dessa devres Saint-Georges et, autre part, devoit entrer partie des gens d'armes devers la ville par eschielle ». Johannes déclara aux gens du duc de Lorraine qu'il n'avait pas accepté cette proposition et que, s'il se préparait à aller à Faucogney, c'était pour surveiller les biens qui appartenaient à sa fille, du chef de sa première femme. On peut n'être pas convaincu par les affirmations de Johannes. Il paraît cependant qu'on n'inquiéta pas davantage l' « eschelleur ».

(*) Une branche de la famille alsacienne Zorn de Boulach était établie à Mirecourt au XVᵉ siècle (Cf. Pierre MAROT, *Inscriptions funéraires d'après le manuscrit 613 de la collection de Lorraine de la Bibliothèque nationale*. Épinal, 1922, p. 3-4).

(2) Cf. CHAPELLIER (H.), *Essai historique sur Beaufremont, son château et ses barons* dans *Annales de la Soc. d'Émulation des Vosges*, 1857, p. 217.

Malgré les dénégations des envoyés du maréchal de Bourgogne, il est certain que celui-ci avait voulu s'emparer par traîtrise de Lunéville. Les témoignages de Johannes et de Lendemant concordent. Nous avons cru utile de rappeler ces incidents, parce qu'ils marquent les premières hostilités de la maison de Neufchâtel à l'égard de la maison d'Anjou. Nous savions qu'en 1448 les officiers des Neufchâtel refusèrent l'entrée du château de Châtel-sur-Moselle — quoi qu'il fût rendable — aux gens du roi René; or, trois ans plus tard, le maréchal de Bourgogne essayait, comme nous l'avons constaté, de prendre la ville de Lunéville.

Enfin nous avons pu observer les procédés de guerre du xvᵉ siècle. C'est en racontant par le menu le détail de ces entreprises que l'on voit jusqu'à quel point était grande l'insécurité du xvᵉ siècle. Il nous a été donné de suivre la carrière mouvementée des pillards de cette époque, de cet homme de peine qui partageait son temps entre la culture de la vigne et le brigandage et de cet homme de guerre qui avait acquis quelque renommée par sa science de l'*échellement*. Il faut connaître les vies aventureuses de ces hommes pour comprendre l'histoire du xvᵉ siècle qui est parfois si déconcertante pour les modernes.

II

Les Neufchâtel parurent tout puissants en Lorraine lorsque le pape, sur les instances du duc de Bourgogne, donna, en octobre 1460, le siège de Toul à Antoine de Neufchâtel, fils de Thiébaut IX. Celui-ci n'avait que douze ans, aussi Pie II le nomma-t-il administrateur apostolique de l'évêché pour une période de sept ans. C'était livrer l'important temporel de l'évêché de Toul aux Bourguignons (1).

----

(1) Sur ces événements, on pourra consulter Benoît Picart, *Hist. de Toul*, p. 557 et ssq. et M. l'abbé Eug. Martin, *Hist. du diocèse de Toul*, t. I, p. 420 et ssq.

Le Chapitre de Toul n'accepta pas volontiers cette intrusion. Il finit cependant par reconnaître Antoine.

Le 2 juin 1463, Louis XI donna à Thiébaut la ville d'Épinal (1). On sait que les Spinaliens ne voulurent point reconnaître Thiébaut et que le duc de Lorraine, aidé vraisemblablement par Louis XI lui-même, qui jouait deux jeux, fut désigné comme seigneur d'Épinal par les habitants de cette ville. Une guerre farouche éclata en août 1467 entre les Neufchâtel et le duc de Lorraine. Les Neufchâtel se servirent des forteresses du temporel de l'évêché de Toul. Le duc Jean d'Anjou n'était pas alors en Lorraine, avait laissé le Gouvernement du duché à son second fils Nicolas qui était assisté d'un conseil. Les Lorrains se défendirent, les places de Romont, Clésentaines, Blainville, Chaligny, Brixey, Liverdun (2) tombèrent en leurs mains.

Le 1er février 1468, les nobles lorrains « conclurent une sorte de confédération, par laquelle ils s'obligeaient à se secourir les uns les autres de tout leur pouvoir » (3).

(1) Voir le récit très circonstancié de notre maître, M. P. FOURNIER, *op. cit.*, p. 82 et ssq.

(2) Voir notre appendice.

(3) DUVERNOY (E.), *Les États généraux des duchés de Lorraine et de Bar*. Paris, 1904, pp. 139-140. — M. Duvernoy donne, d'après l'original, l'analyse de ce curieux traité de Landfried : « Afin de donner plus de solennité et un caractère religieux à ces engagements, les associés devaient suspendre leurs écus armoriés dans la collégiale Saint-Georges, l'église la plus vénérée de Nancy, et si l'un d'eux manquait à ses promesses, son écu serait abattu. » Ce fait est rapporté par erreur en 1470 par la *Chronique de Lorraine* (éd. Marchal, p. 93, § LXXV) : « Chascun fait un escusson, dit l'auteur de la Chronique, ses armes dedans; por tenir ferme et avoir cognoissance, les mirent au chœur de Saint-Georges, d'une part et de l'autre, comme chascun les void. » Les écus demeurèrent jusqu'au xviie siècle au moins, comme nous le constatons dans un mémoire anonyme et non daté d'un chanoine de la collégiale, conservé dans la *Collection Buvignier-Clouët* des Archives de Meurthe-et-Moselle. Ce chanoine a connu la chronique de Lorraine — « un manuscript en viel gaulois qui a esté composé par un gentilhome de la suite du duc René de Lorraine, lequel ne se nome pas » — d'après « une copie de l'original » qui était « entre les mains de Mr de Tilly... provenant de la bibliothèque de M. de Tilly père, lequel a eu ce livre de feu M. le baron de Saffre », copie, d'ailleurs, que l'on n'a jamais signalée. Il nous rapporte ce qui suit : « En 1666 arriva le caprice à Mr Jean le Gardeur, chanoine et aulmosnier de Saint-George, de faire jetter bas les escussons qui estoyent dans le chœur de la dicte église a la main droitte; il est vray qu'il y en restoit peu et que les travers sur lesquels ces escussons estoyent attachéz devenoyent vielz. Par bonheur, j'arrivay dans l'église dans le temps de ceste outrecuidance, a laquelle un Me Jean et son fils, du costé de Mirecourt travailloyent, je les fis cesser promptement, come ils s'alloyent attacher au

Pendant que la Lorraine était déchirée par ces guerres, Antoine ne résidait point, il n'avait pas encore reçu les ordres sacrés; Toul était, pour ainsi dire, sans pasteur. Le 4 janvier 1468, les chanoines adressèrent une lettre à Antoine pour lui remontrer l'état lamentable du diocèse et lui demander de satisfaire aux obligations de sa charge (1). S'il faut en croire Benoît Picart, Antoine, pour réponse, « pria les chanoines de s'inquiéter de ce qui les regardait ». Poussés par le duc de Lorraine, les chanoines choisirent un autre évêque et désignèrent le protonotaire Jean de Lamballe, grand archidiacre de Toul et secrétaire du duc de Lorraine. Charles le Téméraire fut naturellement très mécontent de l'attitude des chanoines de Toul. Nous avons trouvé, dans la *Collection Dufresne*, conservée aux Archives de Meurthe-et-Moselle, la lettre par laquelle Charles le Téméraire demandait aux bourgeois de Toul de ne pas reconnaître Jean de Lamballe (18 avril 1470). Cette curieuse lettre mérite une édition, elle ne laisse pas de doutes sur les mobiles politiques du duc de Bourgogne et des Neufchâtel :

(*Verso :*) A noz tres chier et bons amis les gouverneurs gens de loy, manans et habitans la cité de Toul.

Le duc de Bourgongne, de Brabant et de Luxembourg, conte de Flandres, d'Artois et de Bourgongne, de Haynnaut, de Hollande, de Zellande et de Namur.

Tres chiers et bons amis, combien que reverend pere en Dieu, nostre amé et feal cousin, l'evesque de Toul ait despieça esté pourveu dudict eveschié et qu'il en soit vray possesseur, neam-

costé senestre en entrant. Aucuns de M^{rs} se l'anciene chevallerie ont creu que cela estoit arrivé par les ordres de feu S. A. Charle 4e, qui meditoit d'effacer tout ce qu pouvoit continuer les drois de leur ancienneté et qu'il avoit fait commencer par cest endroit qui estoit à sa veue lorsqu'il estoit à la tribune de Saint-Georges. Mais il n'en eut jamais la pensée, cela arriva par le seul mouvement du dit chanoine qui n'estoit que de roture commune ne faisoit pas grand cas de monuments de la generosité de la noblesse, quoyque a la vérité il avoit d'autres bones parties. »

(1) Cette lettre se trouve dans le registre capitulaire G 74, f° 178, Elle a été mentionnée à deux reprises par le chanoine MARTIN (*op. cit.*, p. 423 et 424), d'après ce registre et d'après Benoît Picart, comme s'il s'agissait de deux lettres distinctes.

moins nous sommes adverty que ceulx du chappictre de Toul se
sont puis nagaires avanciéz, par aucuns telz quelz meiens et sinis-
tres rappors, de vouloir priver et debouter ledict evesque de
son dict eveschié et a ceste fin ont faicte certaine election et
nominacion dudict eveschié au prouffit et intencion d'ung-nommé
maistre Jehan de Lembale, ce que par raison faire ne pevent
ou doivent actendre, que icellui evesque n'a sur ce esté appellé
ne oy, ne privé dudict eveschié par juge competent et a con-
gnoissance de cause, et pour ce et que par le moien de feu nostre
tres chier seigneur et pere, que Dieu absoille, nostre dict cousin
est parvenu audict eveschié et aussi que nous avons icellui
nostre cousin et ses affaires en singuliere recommandacion pour
consideracion mesmement des grans et louables services que feu
le seigneur de Neufchastel, son pere, en son vivant nostre mareschal
de Bourgongne, a faiz a notre dict feu seigneur et pere et a nous,
et desirons son entretenement ou dict eveschié et le porter aydier,
favoriser et assister en son bon droit, si avant que faire le povons
et devons par raison; nous escrivons par devers vous et vous
prions et requerons, si tres acertes que fere povons, que, en aiant
regart a ce que dit est et pour honneur et amour de nous, vous
vueilliez obeyr a nostre dict cousin comme a vostre evesque, es
cas et ainsi qu'il appartient, et l'assister et aydier de vostre part
a rebouter tous troubles et empeschemens, que a tort l'on lui
vouldroit faire, et baillier la joyssance de son dict eveschié
comme bons et loyaulx subgetz sont tenuz et doivent faire et
nous en ecrivons presentement a nostre saint pere le pape afin
d'obtenir telle provision qu'il puist demourer paisible en son dict
eveschié, si vous y vueilliez tellement acquitter toutes autres
faveurs arriere mises que nous aions cause de vous en scavoir
gré et que faciez à louer et recommander de bonne obeyssance
envers vostredict seigneur et evesque et vous nous y ferez tres
singulier plaisir et, se d'aucune chose nous requerez, que bonne-
ment puissons, nous en aurons bonne memoire et le ferons de bon
ceur et nous vueilliez escrire et adecertener par ce porteur de
vostre bon vouloir et intencion en ceste partie. Tres chiers et
bons amis, Notre Seigneur soit garde de vous. Escript en notre
ville de Lille, le XVIIIe jour d'avril l'an lXIX, avant Pasques.

(Signé) : Charles.

Nous ne savons pas quelle réponse firent les Toulois à
Charles le Téméraire. Benoît Picart nous dit cependant que

les citains ne soutinrent pas le compétiteur d'Antoine :
« Les bourgeois, observe-t-il (1), se soulevèrent tout à coup
contre les chanoines et les obligèrent de concourir avec eux
au rétablissement d'Antoine. Ceux-ci en donnèrent avis
au duc Nicolas qui, ravi de cette conjecture, conclut d'a-
bandonner Lamballe et de faire sa paix avec son évêque ».
Nous ne connaissons pas les sources du capucin toulois
et, comme nous aurons l'occasion de le dire, nous ne pouvons nous fier, sans réserves, à ses affirmations. En tous
cas un traité de paix fut signé le 22 septembre 1742 : le
duc de Lorraine reconnaissait définitivement Antoine.

Pierre MAROT

APPENDICE

DE LA PRÉTENDUE DESTRUCTION DES ARCHIVES DE L'ÉVÊCHÉ DE TOUL A LIVERDUN EN 1467

On lit dans Benoît Picart que les archives de l'évêché
de Toul furent détruites en 1467, lorsque les Lorrains s'em-
parèrent du château de Liverdun : « La licence du soldat
paraît sans borne, il ne se contenta point de piller : mais
il crut qu'il pouvait pousser la haine aussi loin qu'il en
trouverait d'occasions. Ce fut sur les archives de l'évêché
qu'il la fit paraître et par un funeste incendie (*sic*) il nous
fait encore à présent ressentir le mal qu'il a causé à cet
évêché, en réduisant en cendres ce qui aurait servi à remplir cette histoire. Le seigneur de Fénétrange, qui faisait la
guerre en conquérant, courut pour arrêter l'insolence du
soldat; mais les flammes trop actives, pour une matière
si peu solide, en avaient déjà dévoré les deux tiers. Il fit
retirer des cendres ces restes précieux, qu'il déposa dans
l'église Saint-Georges de Nancy ». M. le chanoine Martin

_____

(1) *Histoire de la ville et du diocèse de Toul*, p. 471.

reproduit le récit de Benoît Picart et ajoute : « ce fut pour l'histoire une perte irréparable. » Ainsi donc les archives de l'évêché de Toul auraient presque complètement disparu après le siège de Liverdun. En examinant le registre des délibérations capitulaires de l'année 1467, nous avons eu la preuve que ces archives, loin d'avoir été détruites à Liverdun, avaient été au contraire sauvées. Ce registre (1) contient la quittance donnée aux seigneurs du Conseil « de Lorraine » pour la réception des lettres trouvées au Trésor de Liverdun.

Quictance donnee aux seigneurs de conseil
pour la reception des lettres trouvées en tresor de Liverdun ut infra.

Chapitre de l'église de Toul, le doen d'icelle notoirement absent, faisons savoir a tous que, comme au moyen de la guerre estant au present entre tres haultz et puissans princes noz tres redoubtés seigneurs duc de Calabre et de Lorraine et marquis du Pont, d'une par , et Monseigneur Thiebault de Neufchastel, marechal de Bourgongne pere de re. pe. en Dieu monseigneur Anthonne de Neufchastel, esleu confermé de Toul, d'autre, nos dits tres redoutés seigneurs ayent sequestré en leurs mains tous et singuliers les signories, profiz et emolumens spirituelz et temporelz de l'eveschié de Toul, aussi assigié, conquis et obtenu lez bourg, ville et chasteau de Liverdun a l'occasion des recepts, pors et faveurs, que le dit re. pe. a soffert et ministré en ceste partie a son dit pere par la dite Liverdun et procédé a la demolicion des murs, clausures et fortification d'icelui lieu et il soit ainsi que, veans la dite demolition pour nostre acquit, afin d'obvier a plus grant domage et perdicion aussi desheritence de la dicte eveschié et consequemment de nostre dicte église, nous ayens quises et demandes tres diligemment et instamment envers noz tres honorés seigneurs, messieurs de conseil de nos dits tres redoutés seigneurs les lettres, changes, privileges, escriptures et munimens que seraient trouves ou dit lieu; assavoir est que l'an mil CCCC l XVII. le XXIe. jour d'octobre, a heure de vespres, au dit

(1) Archives de Meurthe-et-Moselle, G 74, fᵒ 169 vᵒ.

Liverdun, en la foule des massons et communes demolissans les dits murs et clausures, nobles seigneurs, monseigneur Jacques de Haraucourt, chevalier, bailly de Nancy, Philippe de Lenoncourt l'annéz, escuier, Jehan Phelpin, receveur, Simonin Loyon, procureur generalz, Jehan Herault, Warry de Chastenoy, Wautrin Malhoste, secretaires, officiers et conseillers de nos dits tres redoubtés et pour iceuly aussi, pour nos dits seigneurs de conseil, confyans, comme ils disoient, de noze laultéz et prodommies, en presence de noz chiers peres et conchanoines, maistres Nicole le Sane, escolaistre, licencié en drois, Ferri Jehan, bachelier en theologie et Olry Hazart, docteur ez drois, ad ce envoiéz, commis et deputéz de par nous, ont ouvert le lieu sur la chappelle Saincte Katherine, ou chastel du dit Liverdun, ouquel les dites lettres estoient, lequel, comme nos dits commis nous ont rapporté, a esté trouvé sain et entier, et tant par eulx que par nos dits commis sont estees prinses et receües toutes et singulieres les lettres, chartres, escriptures et monumens illec trouvéz et icelles sur deux chars amenees à l'ostel episcopal du dit Toul es mains des dessus dits seigneurs, et aujourd'ui, date de cestes, par iceulx seigneurs dessus nomméz delivrees a nous, lesquelles cognoissons avoir receus et estre en nos mains et de nostre eglise pour au proffit et a la conservacion des dits eveschié et eglise, promettant pour nous, nostre eglise et noz successeurs par ces presentes en faire bonne et leaulle garde comme des nostres propres et de celles que seront trouvees apartenir au dit re. pe. ou ses successeurs, leurs en rendre bon compte et, au surplus, en acquitter nos dits tres redoubtés seigneurs et seigneurs du Conseil par tout ou il appertiendra.

Donné à Toul, en nostre chapitre general de saint Luc, l'an dessus dit mil cccc. lxvii, le xxiiie jour du dit mois d'octobre, soubz nostre seel de secret pendant en queue a cestes avec le signet manuel de nostre secretaire.

Pe. COLIGNOM.

Cette quittance nous renseigne donc d'une manière précise sur le sort des archives de Toul. Nous savons par un autre document inséré dans le même registre des délibérations (1) qu'Aubriet, citain de Toul et notaire de la cour

____

(1) G 74, f° 169, v^o 170-r^o.

ecclésiastique du diocèse, procureur d'Antoine, demanda au chapitre les archives de l'évêché au nom de son maître. Les chanoines déclarèrent que, lorsque le siège était vacant, il leur appartenait d'avoir soin des biens de l'évêché, qu'ils avaient donné les preuves de leur prudence et qu'ils conserveraient ces archives. Nous croyons donc avoir fait justice de la prétendue destruction des archives de l'évêché de Toul en 1467, et, ce faisant, il nous paraît utile de mettre les érudits en garde, une fois de plus, contre le livre de Benoît Picart qui, s'il contient des documents utiles, renferme beaucoup de faits dont la source est mal établie. Il convient de ne suivre le capucin toulois qu'avec une extrême prudence. Plus érudit peut-être que Dom Calmet, Benoît Picart n'a pas toujours usé de sa science à bon escient. M. l'abbé Martin a eu raison d'écrire que Benoît Picart « donne trop rarement et avec peu de précisions ses autorités et ses références et que souvent il se contente d'affirmations sans preuves ou même d'hypothèses hasardées ». Lorsque nous avons des documents pour contrôler Benoît Picart, il importe que nous en usions.

LA
NEUTRALITÉ LORRAINE
EN 1564

Abréviations : A. N. = Archives Nationales; A. M. = Archives départementales de la Meuse; A. M. M. = Archives départementales de Meurthe-et-Moselle; B. N. = Bibliothèque Nationale.

La première guerre de religion, qui ne toucha pour ainsi dire pas le duché de Lorraine, le mit cependant à une cruelle épreuve. Depuis René II d'Anjou, surtout depuis le duc Antoine, l'effort de ses princes avait été de faire reconnaître leur indépendance et leur souveraineté. Le traité de Nuremberg, en 1544, avait consacré sur ce point leurs prétentions vis-à-vis du Saint-Empire. M. Fitte en a montré toutes les conséquences à ce point de vue (1). Du côté de la France, la même tentative s'était dessinée. Mais, ni dans les conférences de Romilly entre François Ier et le duc Antoine, ni au traité de Cateau-Cambrésis, elle n'avait abouti d'une façon décisive à des textes définitifs. Les Lorrains avaient vivement protesté contre la violation de leur neutralité, en 1552, par le roi de France Henri II. Pourtant, le traité de 1559 n'avait fait que remettre les choses en l'état où

____

(1) Fitte (S.), *Das staatsrechtliche Verhältnis des Herzogthum Lothringen zum deutschen Reich seit dem Jahre 1552*, Strasbourg, 1891.

elles étaient avant la guerre. Or, le premier soulèvement des Huguenots, en 1562, vint faire comprendre à Catherine de Médicis le danger de cette neutralité. Aussi essaya-t-elle, semble-t-il, en 1564, de déterminer son gendre, le jeune duc Charles III, à y renoncer. C'est l'histoire de cette tentative, très peu et très mal connue, qui fait l'objet de cette courte étude. La venue de Catherine de Médicis et de Charles IX à Bar-le-Duc, pour le baptême du fils aîné de Charles III, le séjour qu'ils firent dans cette ville du 1er au 9 mai 1564, fournirent l'occasion des pourparlers qui s'y rapportent.

I

Le soulèvement huguenot avait en effet profondément troublé le jeu des alliances françaises en Allemagne. Dès le début de la prise d'armes, ses chefs avaient délégué vers les princes protestants et l'empereur Ferdinand l'ancien évêque de Nevers converti à la réforme, Jacques Spifame. Pour justifier le mouvement, il leur avait exposé la thèse de Condé. Celui-ci et ses partisans ne voulaient nullement faire acte de rébellion envers le Roi, leur légitime seigneur. Au contraire, ils entendaient simplement le délivrer, lui et la Reine-Mère, de l'oppression des triumvirs, le connétable de Montmorency, François de Guise et le maréchal de Saint-André, qui les tenaient captifs et abusaient de leurs nom et autorité. Spifame apportait à l'appui de ses dires quatre lettres de Catherine de Médicis écrites au prince de Condé dès le début des hostilités et qui semblaient confirmer cette thèse. En essayant de rester au-dessus des partis, la Reine-Mère laissait croire qu'elle ne jouissait de sa pleine liberté et qu'elle ne désapprouvait pas le mouvement. Les princes protestants allemands adoptèrent pleinement cette thèse, mais sans rien faire alors pour secourir leurs coreligionnaires français.

Le cours des événements amena bientôt les Huguenots
à ne pas s'en tenir là. Dans les premiers mois de 1562, les
chefs du parti catholique décidèrent de faire des levées en
Allemagne pour renforcer leur armée et en finir avec leurs
adversaires. Ils choisirent pour cette mission un prince allemand, attaché depuis longtemps déjà au service de la
France, Philippe de Dhaun, plus connu sous le nom de
« comte Rhingrave ». Ils lui adjoignirent un autre aventurier, autrichien d'origine, Christophe, baron de Roggen-
dorf. Après une carrière mouvementée, il s'était réfugié
à la cour de Henri II, qui lui avait confié une mission
diplomatique assez importante en 1554. Depuis, il était
devenu l'un des chefs de reîtres les plus appréciés en France,
où il était connu sous le nom de capitaine ou comte Ro-
quendorff. De la mission du Rhingrave, nous ne connaissons
que les résultats. Il en va tout autrement pour celle de
Roquendolf (1).

Ce n'est pas sans difficulté qu'il avait pu remplir sa
charge. Les princes protestants voyaient naturellement ses
pratiques de très mauvais œil. L'Électeur palatin Frédéric III avait même proposé au landgrave de Hesse, Philippe, un moyen fort élégant d'arrêter ses levées. Il suffisait en effet de payer largement reîtres et lansquenets pour
leur persuader de rester chez eux. Il estimait qu'avec ,
vingt mille florins on arriverait à ce résultat. Philippe accepta l'idée : le Palatinat, la Hesse et le Wurtemberg
s'engagèrent à trouver la somme nécessaire. Mais l'argent
arriva trop tard. Les troupes de Roquendolf avaient déjà
passé la frontière (2). Dès les premiers jours de mars, le
bruit de l'arrivée des « Allemans » était parvenu jusqu'à

---

(1) Le nom est orthographié assez différemment dans les documents lorrains : la
forme la plus commune est Roquendolf, mais on trouve aussi Rockendorf, et même
Morquindolf.

(2) MENZEL (K.), *Wolfgang von Zweibrücken*. München, 1893, p. 300. Lettre de
Condé à Wolfgang, duc de Deux-Ponts (*Mémoires de Condé*, III, p. 574). Lettre du
cardinal de Lorraine à Nicolas Psaulme (*Petite Bibiliothèque verdunoise*, III, p. 15).

Pont-à-Mousson. Son prévôt, Didier de Pillart, écuyer, seigneur de Sorcy en partie, envoyait, le 17, un messager à pied, Domange Pottier, jusqu'à Magny et Sainte-Barbe, près de Metz, « pour savoir si les pistolliers vouloient passer par là et en avertir Notre Souverain Seigneur ». Le 4 avril, le même messager portait « lettres à Monsieur de Hausson-ville que le cappitaine Rocquendolf avoit passé en ce lieu [de Pont-à-Mousson] et s'en alloit à Metz » (1).

Les « soudards », au devant desquels il se rendait, avaient dû pénétrer sur les terres de Lorraine en traversant l'élec-torat de Trèves et en longeant la frontière luxembour-geoise. Comme ils arrivaient, selon la coutume, par petits paquets, rendez-vous leur avait été donné à Briey et Con-flans-en-Jarnisy. Affrican d'Haussonville, bailli de Saint-Mihiel, se rendit sur les lieux pour surveiller le passage de ces bandes. En effet, Robert Ancherin, écuyer et prévôt d'Étain, envoyait son sergent Symon Emond « par deux foys porter lettres à Mgr le Bailly estant à Conflans et Briey du temps que les pistolliers s'y assembloyent ». Haussonville, de retour à Étain, renvoya ce même sergent « par six jours et six foys vers le conte de Rocquendolf estant à Herméville ». C'est de ce village, très probable-ment, que le capitaine organisa son camp et ses trou-pes (2). Contre telles gens, le bailli prenait ses précautions : il faisait venir « partie des esleuz » du ban de Pareids pour la garde d'Étain. Et d'autre part, il avertissait les bour-geois de la prévosté qu'ilz heussent à retirer leurs biens ez lieux fortz » (3). Enfin, il faisait signifier aux sujets du duc défense de prendre du service pour aucun autre prince ou seigneur. Jehan Francoys, sergent de Longwy, recevait trois francs barrois « pour avoir apporté dudit Lonwy audict

(1) A. M. ,série B, 1001, f⁰ 49.
(2) A. M., série B, 1199, 2ᵉ cahier, f⁰ 21. Herméville se trouve entre Étain et Fres-nes-en-Woëvre.
(3) A. M., série B, 1001, f⁰ 50.

Conflans plusieurs mandements de mondict Sr Bailly contenant deffences a tous vassaulx et autres personnes de non prendre est atzsoubz aultres princes et seigneurs que Notre Souverain Seigneur » (1).

Ces mesures de sauvegarde n'étaient qu'une minime partie de la charge du bailli. La fourniture des vivres, « la munition des Allemans », comme on disait, ne lui créait pas moins de difficultés et de désagréments. Elle occasionnait même des complications entre la Lorraine et le Verdunois. Le Chapitre de Verdun avait l'une de ses prévôtés, celle de Harville, presque complètement enclavée dans le domaine barrois. Affrican d'Haussonville, bien qu'il fût bailli et premier pair de l'évêché de Verdun en même temps que bailli de Saint-Mihiel, prétendait néanmoins lever des vivres dans les villages du Chapitre. Les chanoines réclamèrent contre cette mesure par l'intermédiaire du gouverneur français, le sieur de Manesgres. Et le prévôt d'Étain payait la somme de trois francs « a Nicolas Perceval, messagier dudict Estain pour avoir esté à Nancy vers Mgr le Bailly de Saint-Mihiel porter lettres de Mgr de Manaigres, gouverneur de Verdun, pour le faict de la munition que l'on demandoit aux subgectz du Chapp^re de l'ordonnance dudict Sr Bailly (2). »

Les entraves que les princes protestants avaient mises aux levées de Rocquendolf produisaient au moins partie de leur effet. Les « soudards « allemands n'arrivaient que lentement, ce qui retardait considérablement leur départ. Aussi l'on sent percer à tout instant, dans les comptes des prévôts intéressés, l'impatience que causait, à l'administration de Charles III, la présence prolongée de ces hôtes indésirables. Quelle éloquence, à ce point de vue, dans la simple note écrite par le prévôt de Conflans, François du

(1) A. M., série B, 2162, f° 14.
(2) A. M., série B, 1198, 2e cahier, f° 24.

Mont, écuyer, seigneur de La Barre, au compte de 1562 :
« Payé..... en trente cinq gros monnoye de Barrois a noble
homme Jehan Clement, demeurant a Doncourt pour avoir
pourté lettres de Mgr le Bailly de Saint-Mihiel au lieu de
Nancey avertir la grace de Notre Souverain Seigneur que le
conte Rockendorff ne vouloit partir de Conflans (1). »

Il finit pourtant par déloger pour aller rejoindre le Rhingrave qui l'attendait à Sermaize, où devait se faire la
« monstre » des Allemands. Le 10 juin 1562, Philippe de
Dhaun demandait à du Castel, gouverneur de Châlons, de
lui envoyer deux mille piques, deux cents corselets faits
à l'allemande, et cent cinquante morions pour arquebu-
siers. Le 9 juillet suivant nouvelle demande de deux mille
piques pour de nouveaux arrivants. Le soin de ces transports était confié aux facteurs d'un personnage bien connu,
dans l'histoire du duc Charles III, « Jean Bermand, mar-
chand lorrain ». Il fallait aussi penser aux convois que ces
bandes traînaient derrière elles. Le 1er juillet Gabriel de
Courcens, commissaire des vivres pour les pistolliers, lan-
çait un mandement d'amener dès le lendemain pour midi,
à Tours-sur-Marne, cent grands setiers d'avoine mesure de
Châlons (2).

Ainsi, ce n'est pas sans peine que ces bandes indisci-
plinées avaient enfin quitté les terres du duc de Lorraine,
après avoir traversé très probablement les prévôtés de
Souilly et de Pierrefitte et les domaines de l'abbaye de
Beaulieu, pour se trouver enfin à leur rendez-vous. Et
bien qu'il ne semble rester aucun document à ce sujet,
leur passage à travers les prévôtés lorraines, paraît s'être

____

(1) A. M., série B. 2162, f° 14. Le passage du fameux aventurier a laissé, dans la
région verdunoise, des souvenirs encore vivants aujourd'hui. D'abord le nom du
lieudit « Roquendol » entre Fresnes-en-Woëvre et Herméville. Ensuite ce même nom
devenu synonyme de « personne méchante et brutale » sous la forme de « Kindorf ».
Rockendorf est devenu *lo Kindorf* (*lo*, forme ancienne de l'article en verdunois).

(2) HÉRELLE (G.), *La Réforme et la Ligue en Champagne.* I, p. 43, sqq. L'éditeur a
mal lu le nom de « Rhingrave ». Il transcrit partout : « Reingross », qui n'offre aucun
sens.

fait avec l'assentiment de Charles III, non de bon gré certainement, mais en vertu même de la neutralité du Duché. C'était l'une des tristes nécessités de sa situation géographique et politique : il ne pouvait empêcher le passage de ces troupes, ni dans un sens ni dans l'autre.

II

Les manœuvres de l'armée catholique sous la conduite du duc de Guise avaient amené les chefs protestants à concentrer leurs troupes dans Orléans. Malgré des succès partiels et l'occupation de villes importantes, la fatigue, qui commençait à poindre parmi leurs partisans, et aussi les intrigues de la Reine-Mère, soigneusement entretenues par des pourparlers et des entrevues répétées, rendaient de jour en jour leur situation plus périlleuse (1). L'exemple des catholiques les décida à recourir, eux aussi, aux mercenaires allemands. Ils allèrent même plus loin et sollicitèrent, en invoquant la cause pour laquelle ils combattaient, l'alliance formelle et l'appui des princes protestants et de la reine d'Angleterre, Élisabeth. Un instant, ils eurent l'idée d'envoyer en Allemagne le prince de Condé lui-même. Ils n'osèrent cependant courir pareille aventure, et s'arrêtèrent définitivement à un plan beaucoup plus raisonnable, dont la réussite leur eût assuré de grands avantages. Ce plan ressort nettement de toutes leurs démarches, à partir de mai 1562.

Ils avaient envoyé déjà des agents, assez obscurs du reste, les sieurs d'Ocques et de Vésines, à la cour du landgrave de Hesse, de l'Électeur palatin Frédéric, du duc de Deux-Ponts, du marquis de Bade et de Christophe de Wurtemberg, Mais leur charge principale était de plaider la jus-

(1) Bernard DE LACOMBE, *Catherine de Médicis, entre Guise et Condé.* Paris, 1899.

tice de leur cause, de contrecarrer les menées des envoyés de la Reine-Mère, le sieur d'Oisel, d'abord, puis le sieur de Rambouillet, et surtout, d'empêcher les levées faites pour le compte de l'armée catholique. La nouvelle mission exigeait un personnage plus important. Aussi ce fut François de Châtillon, beaucoup plus connu sous le nom d'Andelot, qui fut choisi (1). Il convenait admirablement pour ce rôle. Plus ardent encore que ses aînés, Coligny et le cardinal Odet, dévoué corps et âme à la réforme, il avait un tempérament de soldat dont il avait donné des preuves brillantes dans les guerres d'Italie. Pendant qu'il se dirigeait vers l'Allemagne, un autre chef huguenot, tout aussi ardent et, de plus, ennemi personnel des Guises, Antoine de Croy, prince de Porcien, quittait Orléans et se rendait en Champagne. Il devait essayer de soulever cette région, travaillée par le protestantisme, et gagner, s'il était possible, son gouverneur, François de Nevers, duc de Clèves, qui avait donné quelques gages à la réforme et gardait jusque-là une attitude indécise. Surtout, il avait pour charge de mettre la main sur Sainte-Ménehould et Verdun, afin de permettre un passage facile et sûr aux levées d'Andelot. Pour réchauffer le zèle des réformés champenois, il emmenait avec lui l'un des chefs de « la religion », le lieutenant de Calvin, Théodore de Bèze lui-même.

Malheureusement pour le prince de Porcien, ce beau plan échoua complètement. De son château de Montcornet en Ardennes, il essaya vainement de rassembler une troupe qui lui permît de réaliser son projet. Les exhortations de Théodore de Bèze ne réussirent pas à émouvoir les Champenois. Le duc de Clèves se prononça nettement pour le parti catholique. Et quelques centaines d'hommes à peine répondirent à l'appel d'Antoine de Croy. Il tenta

____

(1) La mission d'Andelot en Allemagne a été étudiée en détail par Arthur HEIDENHAIN, *Die Unions politik Landgraf Philipps des Grossmütigen von Hessen im ersten Hugenottenkrieg*. Halle, 1890.

cependant, le 25 août, d'enlever Sainte-Ménehould par surprise. Mais le gouverneur, le fameux Bussy d'Amboise, y avait jeté l'un de ses meilleurs lieutenants, le sieur des Conardins. La ville était sur ses gardes quand les huguenots parurent. Leur « camisade » échoua complètement. Cet échec était du reste prévu, puisque Théodore de Bèze lui-même écrivait dès le 20 août : « Notre entreprise sur Verdun n'a pas réussi » (1). Aussi, pendant que le théologien réformé se rendait à Strasbourg, pour solliciter de ses coreligionnaires leur aide pécuniaire, Antoine de Croy se glissait avec sa petite troupe le long de la frontière champenoise et barroise, dans l'Argonne, ravageait l'abbaye de Beaulieu, occupait, semble-t-il, Sermaize, se retrouvait à Dieulouard, terre de l'évêché de Verdun, qu'il pillait, et attendait les bandes allemandes d'Andelot, dont l'arrivée était annoncée vers cette date.

Malgré cet échec, les chefs huguenots tenaient à leur plan. Une nouvelle bande de trois ou quatre cents chevaux, venant de Meaux, à la suite du « tumulte » qui y avait éclaté (2), et que commandait François de Béthune, le propre père de Sully, avait cherché à rallier le prince de Porcien. Comme il était déjà parti quand elle arriva à Montcornet, elle traversa l'Argonne dans la région de Montfaucon, se répandit par les villages jusqu'à la Meuse, et, dans la nuit du 2 au 3 septembre, essaya de réaliser le projet élaboré à Orléans en surprenant Verdun. Mais « l'escalade » de Verdun ne réussit pas mieux que la « camisade » de Sainte-Ménehould, grâce surtout, semble-t-il, à la fermeté de l'évêque Psaulme. La bande huguenote fut rejetée en désordre sur la Champagne, où les catholiques commençaient à s'organiser. La plupart de ceux qui la formaient, au témoignage de l'*Histoire Ecclésiastique* attribuée à

(1) *Bulletin de la Société des Lettres, Sciences et Arts de Bar-le-Duc*, 1925, p. 10.
(2) Sur le tumulte de Meaux, cf. *Mémoires de Condé*, III, p. 519 et seq.

Théodore de Bèze, périrent misérablement en essayant de rentrer dans leurs foyers.

Or, à ce moment même, Andelot, qui avait terminé sa mission, s'apprêtait à rentrer en France. Il avait obtenu un succès relatif. Le landgrave Philippe de Hesse lui avait permis de faire des levées dans ses États. Il avait ainsi réuni une petite armée de six à sept mille hommes, tant de pied que de cheval, qui devaient partir sous le commandement du maréchal de Hesse, Frédéric de Rolshausen. Il ne s'agissait plus que de les faire parvenir à Orléans. Or, Andelot, qui avait été prévenu par un exprès de Condé et de l'Amiral de l'échec du prince de Porcien, ne pouvait plus songer à faire prendre à ses bandes la route qu'avait suivie Rocquendolf. Il lui fallait éviter la Champagne, où tout le monde était sur ses gardes et chercher plus au sud une voie moins périlleuse. Mais en toute hypothèse, il ne pouvait éviter le passage sur les terres de Lorraine.

C'est pour obtenir ce passage qu'il dépêchait au duc Charles III, de Francfort, le 12 septembre, l'un de ceux qui l'accompagnaient, le sieur de Berthy, porteur d'une longue lettre. Il y suppliait très humblement le duc de Lorraine de lui envoyer, entre Deux-Ponts et Saverne, où il espérait être rendu pour le 25 ou le 26 du même mois, quelqu'un de ses hommes, « affin, expliquait-il, que par luy-mesme, je me conseille, selon la route que jay de fayre, quel chemyn j'auray de prendre par vos pays le moins dommageable et que cesty la meme ait commission de Vous, Monseigneur, de faire trouver vivres sur les lieux, sans quilz allassent chercher et fourrager, qui seroit trop grand dommeage pour les payer. Jentens aussi que tous les vivres que lon fournira ilz les payent raisonnablement ». Le reste de la lettre était tout en compliments, en remercîments et en justifications de la cause protestante. Andelot avait voulu lui-même, dans un post-scriptum autographe, ajouté à cette lettre écrite de là main d'un secrétaire, insister sur ces justifications (1).

Dans la crainte que le sieur de Berthy ne trouvât pas à Nancy le duc Charles III, Andelot lui avait remis une deuxième lettre, adressée à Balthazard d'Haussonville, sénéchal de Lorraine, pour remplir le même office, au cas d'une absence prolongée de son maître. Il y invoquait encore la nécessité du passage de ses troupes sur les terres ducales, « lequel, ajoutait-il, s'il estoit possible pouvoir faire par autre endroict, je ne voudroys importuner Monseigneur de Lorraine » (2). Et il terminait encore en invoquant la cause de Dieu et celle de la liberté du jeune roi de France, pour laquelle il combattait.

Ainsi les deux lettres considéraient le passage des troupes comme chose due et naturelle, entièrement conforme à ce que l'on commençait dès lors à appeler le droit des gens. Mais, cette fois, la neutralité lorraine ne jouait plus à l'égard de la France. Elle s'exerçait à l'égard des princes du Saint-Empire, qui envoyaient des troupes au secours de leurs alliés français.

Charles III, tout en accordant le passage, ne dissimula point la mauvaise humeur que lui causait la demande d'Andelot. Il lui répondait, en effet, dès le 19 septembre, en ces termes : « Monsieur d'Andelot, je me trouve de beaucoup obligé à votre endroict de la bonne volonté et affection qu'avez à me faire plaisir, qui m'est amplement témoigné par les lettres que le sieur Berthy, présent porteur, ma rendu de votre part. Je eusse bien désiré que le passage de vos troupes se fut de beaucoup esloigné de mes pays. Toutesfoys il se convient y adresser sans blesser aucuns droicts d'yceux. Je vous prie que ce soit à la moindre foulle et au plus grand soulagement de mon peuple que possible ».

---

(1) A. M. M., série B, 681, n° 8.
(2) ID., *ibid.*

Après ces réflexions plutôt sévères, Charles III avertissait Andelot qu'il enverrait « dedans peu de jours » un de ses gentilshommes à Saverne « attendan, disait-il, de vos nouvelles et certitude du chemyn que volerez tenir, pour faire apprester vivres et donner les apprêts et commodités, suyvant la charge qu'il emportera de moy bien expresse à cest effect, m'asseurant que par confirmation de ceste bonne volonté vous en ferez faire payment raisonnable » (1).

On ne peut dire que cet accueil à la demande d'Andelot était enthousiaste. Mais Charles III invoquait à mots très nets cette neutralité dont il venait d'user déjà vis-à-vis des bandes de Roquendolf. Le même jour, il désignait par mandement Jean, comte de Salm, maréchal de Lorraine, pour se rendre à Saverne afin « d'obvier à la grande foulle et oppression que nos subgestz pourroient recevoir de lez compagnies de les gens de chevaulx que les princes allemans qui sont en chemin pour passer par nos pays estoient contraintz, par faute d'avoir pourveu de bon heur a la fourniture des vivres qui y seront nécessaires, de fourrager et prendre a discretion » (2). En effet, Jean de Salm se rendit à Saverne pour y dresser, d'accord avec Andelot, les étapes des reîtres (3). Ceux-ci se dirigèrent directement de cette ville vers Baccarat, où ils devaient faire leur « mons-

(1) ID., *ibid.*

(2) ID., *ibid.*

(3) Est-ce dans cette rencontre qu'Andelot fit connaissance d'Anne Barbe de Salm, alors mariée à Balthazard d'Haussonville, qu'il devait épouser, après la mort de sa première femme, Claude de Rieux, lorsqu'elle devint veuve de son premier mari? Le fait se passa en 1564, dans des circonstances assez dramatiques. « Son mariage avec d'Andelot tient du roman. Comme elle l'avait contracté malgré l'opposition de de ses parents, elle s'enfuit de la maison paternelle, en croupe derrière son mari. » F. LE BIHAN, *Les Coligny* (*Bulletin général des Sociétés académiques de France*, octobre 1910, p. 61, n. 5). Et n'est-ce pas à cette aventure qu'il faut rapporter cette curieuse notice que je lis dans le *Journal* inédit de Nicolas Psaulme (B. N., latin 3774 A, f° 94 v°, à la date du 23 janvier 1564) : « A meridie appulit circiter tertiam D. Dandelo cum 35 aut 40 equitibus ad Insigne *Nostre Chien.* Cenat apud D. de Manesgres cum multis. Postquam appulit du Haultois, discessit a Virduno versus Orne, dixitque ostiario *de la Chaussée : Je me retourneray demain, ne me défendes la porte.* Interea cum omnia sint suspecta, deliberatum fuit ut cives noctu diligenter custodirent civitatem et vigilarent excubias noctis ». Ornes était la baronnie des Haussonville, ils y avaient leur château.

tre ». Et si, sur les terres de Lorraine, ils gardèrent quelque
mesure, il n'en fut pas de même dans la petite cité qui était
du temporel de l'évêché de Metz. C'était terre d'église;
ils ne se contentèrent pas de la piller. Au témoignage de
Dom Calmet (1), ils y brûlèrent avant de partir, plus de
trente maisons.

III

Telle était la situation fort ambiguë que le premier soulèvement huguenot avait créée, tout à la fois à la Lorraine
et à la France. D'une part, la lourde charge des passages
de bandes étrangères sur les terres ducales, et tous les ennuis
et toutes les complications qui pouvaient en sortir, d'autre
part l'intrusion des princes protestants allemands dans la
politique intérieure de la France, sans compter l'invasion
du royaume par des gens de guerre dont le principal souci
était de piller, de violer et de promener partout l'incendie.
Ronsard avait déjà maudit ces fils de la France, qui y

> amenoient l'étranger
> Qui boit les eaux du Rhin afin de l'outrager (2).

Il ne traduisait pas seulement dans ses vers le sentiment
populaire, mais celui de la Reine-mère elle-même et de tous
ceux que n'aveuglait pas la fureur partisane. Ce fut du reste
un des motifs principaux de la polémique catholique contre
les réformés pendant toute la première période des guerres
de religion.

Il fallut, en tout cas, au lendemain de la Pacification
d'Amboise (19 mars 1563), réexpédier ces troupes que le pil-

---

(1) *Notice de Lorraine*, s. v. Baccarat.
(2) *Continuation du discours des misères de ce temps, v. 42 sqq.*, composée très probablement entre le 1er et le 15 octobre 1562. Cf. Paul LAUMONIER, *Tableau chronologique des œuvres de Ronsard.* Paris, 1911, p. 35.

lage avait mises en appétit. De là, de nouveaux soucis pour la Reine-mère. Elle retint au service du Roi les bandes du Rhingrave et de Rocquendolf. Mais il était moralement impossible d'en faire autant avec les reîtres d'Andelot. En effet, elle voulait terminer la guerre en enlevant de vive force aux Anglais le Havre de Grâce, où ils s'étaient installés et elle entendait leur faire payer chèrement le concours qu'ils avaient donné aux Huguenots. On ne pouvait guère tourner ainsi les « Allemans » de Rolshausen contre leurs alliés de la veille. Elle supplia donc Andelot et le prince de Porcien de les reconduire à tout prix au delà de la frontière. Elle écrivait alors à ce dernier une lettre déchirante et qui lui fait grand honneur pour lui demander d'écarter du royaume un pareil fléau et d'épargner à « son pauvre peuple » les horreurs de leur présence. Le prince dut entendre l'appel de la Reine : car les Hessois disparurent sans que nous puissions même suivre les grandes étapes de leur retour.

Mais ce n'était là qu'une solution provisoire, et Catherine le savait bien. Comment prévenir le retour de pareils événements? Comment surtout empêcher les princes protestants d'Allemagne de se mêler des affaires de France ? Les correspondances de la Reine-mère avec ses ambassadeurs, en particulier, avec Bernardin Bochetel, son envoyé auprès de l'Empereur, montrent clairement que ce souci la hantait, en ces derniers mois de 1563 et à ce début de 1564, où elle préparait son voyage de pacification à travers toute la France (1). L'intervention de l'Empereur à leur égard était bien aléatoire, d'autant plus que l'occupation prolongée des évêchés commençait à émouvoir l'opinion alle-

---

(1) HOLTZMANN (R.), *Kaiser Maximilian II bis zu seiner Thronbesteigung*, Berlin, 1903, p. 492 et ssq. Je me permets de renvoyer à un article que j'ai publié autrefois sur *La France et les décrets du Concile de Trente* (Revue d'Histoire et de Littérature religieuses, 1907, p. 272 ssq.), et à celui qui a paru dans l'*Annuaire de la Fédération historique lorraine*. 1929, p. 45 ssq. sous le titre : *Le faux voyage de Catherine de Médicis à Nancy*.

mande. L'âme du mouvement était précisément le duc de
Deux-Ponts Wolfgang. Dès janvier 1560, une première
ambassade ayant à sa tête Louis Madruzzi et Louis comte
de Stolberg, avait été dépêchée à François II par les États
de l'Empire, à ce sujet. Elle était repartie avec une réponse
évasive. En janvier 1563, au moment où l'effervescence protestante était le plus vive, la Diète renouvelait ses instances
sur ce point. Une nouvelle ambassade ayant à sa tête Jean
Achille Ilsung, venait réclamer à nouveau la libération de
Metz, Toul et Verdun. Elle apportait au roi de France une
lettre de l'Empereur lui-même, exige le départ des
garnisons françaises qui occupaient ces villes.

Catherine, dans une lettre qui révèle son embarras,
essaya encore d'un moyen dilatoire. Voici ce qu'elle répondait par Ilsung lui-même à Ferdinand (1) :

« Ayant le roy notre très cher et très amé sieur et fils
reçeu la lettre que vous luy avez escripte sur le faict des trois
évêchés et citez de Metz, Thoul et Verdun, il n'a voullu faillir
de vous y faire la responce que ce porteur, Votre Conseiller
et du Saint-Empire, vous porte de sa part. Et encores que
nous nous asseurions que pour les raisons et considérations
contenues en sa lettre vous laurez bien pour excusé, si
ladite response n'est pour ceste heure si résolue que vous la
désirez, si voullons nous bien vous prier de nostre part de
lavoir pour agréable et que, pour considération de sa minorité, de la grandeur des troubles et calamitez dont ce Royaume se trouve encore affligé, et du peu de loisir que nous
avons de penser et vacquer a autre chose que a la pacification et réconciliation de noz peuples, vous nous faictes (1)
en cest affaire, selon lasseurance que vous nous avez

---

(1) Je donne cette lettre tout entière, car on peut dire qu'elle est inédite en France.
On ne la trouvera ni dans les *Lettres de Catherine de Médicis*, publiées par Hector
de La Ferrière, ni dans le *Supplément* qu'y a joint M. Bagnenault de Puchesse. Et
pourtant elle a été publiée d'après l'original, il y a près d'un siècle, par F. B. von
Bucholtz, *Geschichte der Regierung Ferdinand des ersten*, T. VII, p. 464 ssq.

(2) Le présent pour le futur.

toujours donnée de votre fraternelle et sincère amitié, telle démonstration de la recommandation en laquelle vous avez la conservation du repos de l'estat d'un mineur et pupille, que le fils et la mère vous en demeurent obligez perpétuellement. Amboyse, 12 avril 1562 (1). Votre bonne seur et cousine Caterine. »

Or, au commencement de 1564, l'échéance demandée par la Reine-mère était arrivée. Charles IX avait été proclamé majeur; l'état de paix avait été rétabli par le traité d'Amboise. Rien d'étonnant à ce que les bruits concernant la réclamation des Évêchés n'aient alors recommencé à courir. La Diète impériale allait probablement se réunir en raison de la succession à la couronne de Ferdinand, normalement ouverte. Aussi, les inquiétudes reprirent Catherine. Elle écrivait, en février 1564, à son ambassadeur Bochetel : « Au demourant, vous savez l'instance que l'Empereur nous fit, à la fin de nos derniers troubles, pour le regard des troys villes de Metz, Thoul et Verdun, et en quelle allarme nous fusmes des retenues et levées qui se faisoyent en Allemagne que l'on disoit estre pour en faire l'entreprise. De sorte que, pour donner plus de contentement audict Empereur, et aux princes de la Germanye, que nous estimons avoir ce fait fort a cueur, nous luy respondismes entre aultres choses que le Roy monsieur mon fils feroit trouver ses Ambassadeurs à la prochaine Journée impérialle, pour leur faire response si honneste et raisonnable sur le faict des dictes troys villes, qu'ilz auroient occasion d'en demourer satisfaictz » (1).

Elle continuait en avertissant son ambassadeur d'être aux écoutes à ce sujet : si l'on n'en parlait pas, on laisserait « passer et escouler la diette sans en faire aulcun semblant »; au cas contraire, il faudrait « veoir ce que le temps nous en conseillera pour le mieulx ».

(1) A. S.
(2) *Lettres de Catherine de Médicis*, publiées par Hector de LA FERRIÈRE, II, p. 166

Cette nouvelle menace venait encore compliquer singulièrement la situation. Les « patriotes allemands », un
Lazarus von Schwendi, un Wolfgang de Deux-Ponts, commençaient à faire sonner très haut les droits du Saint-Empire. Il est vrai que les princes protestants gardaient sur ce
point une attitude beaucoup plus réservée. Ils se souve-
naient encore de leur signature apposée au bas du traité
de Chambord et de l'article célèbre qui livrait au Roi de
France, « comme vicaire du Saint-Empire », les trois Évêchés (1). Mais leur alliance avec la France devenait, du fait
de la guerre religieuse, de plus en plus précaire et même
dangereuse (2). Qu'adviendrait-il le jour où Metz, Toul et
Verdun seraient réintégrés, sans conditions, dans le Saint-
Empire ? C'était la porte ouverte toute grande aux menées
et aux manœuvres de Philippe de Hesse, de l'électeur palatin, du duc de Wurtemberg lui-même. Il ne paraissait
y avoir que deux moyens de parer à ce nouveau péril :
d'une part, renouveler l'alliance protestante sous une forme
mieux adaptée aux circonstances, d'autre part, obtenir du
duc de Lorraine un traité d'alliance qui supprimerait les
effets de la neutralité. Il semble bien que ce soient là les
deux moyens auxquels s'arrêtèrent Catherine et ses conseil-
ers.

<h2 style="text-align:center">IV</h2>

Il est certain que la Reine-mère, en venant à Bar-le-Duc
pour le baptême de son petit-fils de Lorraine, s'était
proposé de résoudre le nouveau problème que posait à la
politique française l'alliance des protestants allemands
avec les Huguenots. Elle y avait invité, par son agent Guil-

(1) RITTER, *Deutsche Geschichte im Zeitalter der Gegenreformation*, I, p. 94 ssq.
(2) Quelques années plus tard (1567), l'un des chefs protestants, le célèbre Jean-
Casimir, demandera au prince de Condé, pour prix de son assistance militaire, le
gouvernement des Évêchés.

laume de Rascalon, le duc Christophe de Wurtemberg. Celui-ci s'était excusé sur son âge et ses infirmités (1). Certainement elle avait fait la même avance à l'électeur palatin Frédéric III, à Wolfgang, duc de Deux-Ponts, au fils aîné du landgrave de Hesse, Guillaume, et à Charles, marquis de Bade. Depuis le mois de janvier 1564, elle était en négociations avec Guillaume de Hesse, toujours besogneux, pour l'amener à accepter une pension de la France (2). Mais il semble que tous avaient décliné l'invitation, sauf le marquis de Bade, qui s'était fait représenter au baptême par son fils Georges. Il y eut cependant des tractations à ce sujet, qui durent transpirer au dehors. Un historien, un peu plus récent, mais qui est en général assez bien informé, Davila, écrit formellement : « Voyant que le duc [de Wurtemberg] s'excusoit de ceste entreveue sur sa vieillesse, qui l'empeschoit de sortir de son pays, elle [Catherine] en eust moins d'espérance et luy fist dire pourtant que si luy et les autres seigneurs protestans vouloient estre Pensionnaires de la France, le Roy leur feroit les conditions très bonnes et très honnorables; qu'il luy sembloit que cela n'estoit pas à refuser, et que, par raison, ils devoient plus tost s'arrester à des conventions asseurées et aux avantages d'une paye certaine, qu'aux promesses incertaines et aux vaines offres des Huguenots. Tout cela néanmoins fit si peu d'impression sur l'esprit du duc de Wurtemberg, que ny luy-mesme, ny le conte Palatin du Rhin, ny Wolfgang de Deux-Ponts ne voulurent point se désister de protéger ceux qu'ils avoient toujours secourus » (3). Et l'historien ajoute qu'il n'en fut pas de même pour le marquis de Bade et l'un des ducs de Saxe, Jean Guil-

---

(1) BAGUENAULT DE PUCHESSE, *Le duc de Wurtemberg, les Guises et Catherine de Médicis*, dans le *Bulletin philologique et historique*, 1915, p. 193.

(2) PLATZHOFF, *Frankreich und die deutschen Protestanten*, p. 3, ssq.

(3) DAVILA, *Histoire des guerres civiles de France*, éd. de 1744, t. I, p. 174. L'accord de son récit avec tous les documents connus semble permettre de l'accepter.

laume, qui, « ou par émulation des autres princes ou pour leur intérêt propre, acceptèrent les offres du Roy ».

De ce côté donc, le succès diplomatique de la Reine-mère fut très modéré. Aussi ne serait-il pas étonnant qu'elle se soit retournée vers son gendre pour lui proposer cette alliance, qui, mettant fin à la neutralité de la Lorraine, lui aurait permis de s'en servir comme d'une barrière contre l'entrée en France des mercenaires allemands. Elle pouvait faire valoir de bonnes raisons : les dangers que couraient les terres ducales et les populations lorraines du passage de ces troupes. Les preuves étaient encore toutes chaudes. Mais l'a-t-elle fait? Quelques historiens lorrains l'admettent. Dans le volume du *Recueil de documents sur l'histoire de Lorraine*, publiée par la *Société d'Archéologie lorraine* en 1855, Henri Lepage éditait pour la première fois un *Discours sur la souveraineté du duché de Lorraine*, d'après le Cartulaire bien connu sous le titre : *Liber omnium* (1). Cette œuvre, il l'attribuait, sur la foi d'une note marginale d'un catalogue ancien du Trésor des Chartes de Lorraine, à un personnage fort connu dans notre histoire, Thierry Alix (2), et il la rapportait comme un discours tenu par le célèbre archiviste et conseiller de Charles III précisément pour l'engager à garder cette neutralité, condition absolue de son indépendance et de sa souveraineté.

Deux ans plus tard, Henri Lepage précisait encore ses affirmations et essayait de déterminer les circonstances dans lesquelles ce discours avait été prononcé. « En 1564. Alix eut une mission plus délicate à remplir. Dans le courant de cette année, le roi de France Charles IX et le comte de Mansfeld, ambassadeur de Philippe II, vinrent en Lorraine, à l'occasion du baptême de Henri, fils aîné du duc Charles III. Le Roi et le comte, représentant son souve-

---

(1) A. M. M., série B, 416, f° 111ʳ ssq. Disons que le titre dans le M S. est : *Discours sur la nature du duché de Lorraine.*
(2) A. M. M., série B, 434, *s. v.*

rain, servirent de parrains au jeune prince, et restèrent plusieurs jours à Bar, où s'était célébrée la cérémonie.

Des intrigues politiques, dont le sujet n'est pas bien connu, se mêlèrent aux réjouissances qui eurent lieu à cette occasion, et *il paraît que des tentatives furent faites près du duc, soit par le Roi, soit par les agents des autres puissances, pour l'engager à contracter une alliance intime ; alliance que ses conseillers voyaient d'un mauvais œil et dont ils crurent devoir détourner leur souverain en lui exposant les motifs qui militaient en faveur de la neutralité* (1). »

Malheureusement, Henri Lepage ne nous dit point sur quelles raisons ou sur quelles autorités il s'appuie pour rapporter au moment de la rencontre des Cours de France et de Lorraine à Bar-le-Duc, en mai 1564, ces délicates négociations. Depuis, la question a été reprise à un autre point de vue. Dans sa thèse latine sur Thierry Alix, M. Pierre Boyé s'est demandé si le conseiller à la Chambre des Comptes de Lorraine était véritablement l'auteur de ce discours (2). Une objection évidente à cette attribution, c'est l'âge relativement jeune de Thierry Alix. Il n'avait jusque-là joué aucun rôle dans les affaires politiques. Pourtant, cette difficulté n'arrête pas M. Boyé. Il met en regard l'intelligence et déjà l'expérience de l'homme qui connaissait, par les documents, l'histoire de Lorraine et qui l'avait pratiquée sur pièces. Et il conclut, après un rapide examen, que ce discours et cette « Exhortation à Monseigneur », à en juger par le fond et par la forme, sont très vraisemblablement de la main d'Alix.

Il faut avouer que cette double démonstration laisse l'esprit un peu perplexe, et que les affirmations d'Henri Lepage, même après les explications de M. Boyé, ne donnent guère que l'impression d'une conjecture ingénieuse. Or,

---

(1) Henri LEPAGE, *Le Trésor des Chartes de Lorraine*. Nancy, 1857, p. 64 sq.

(2) BOYÉ (P.), *Qualis vir et scriptor extiterit Theodoricus Alisius in Curia rationum Lotharingiæ præses*. Nancy, 1898, p. 52 ssq.

en examinant le texte de près, on peut arriver, je crois, à un degré ce certitude beaucoup plus grande, au moins en ce qui regarde les circonstances locales dans lesquelles on doit placer ce « Discours ». Ce qui forme à proprement parler « l'Exhortation à Monseigneur », selon l'expression d'Henri Lepage, est tellement caractéristique que l'on ne peut guère l'insérer historiquement que dans le cadre des événements qui se déroulèrent à Bar-le-Duc, au début de mai 1564.

C'est tout d'abord le parallèle frappant que trace l'auteur entre la situation de « Monsieur de Savoie », c'est-à-dire Philibert Emmanuel, et le duc de Lorraine lui-même. Philibert Emmanuel est le cousin du Roi Catholique, comme Charles III; il est l'oncle de Charles IX, comme Charles III est son beau-frère. L'un et l'autre sont donc « tout ainsy de parentaige et de mariaige desdictz deux costez » (1).

Or, le duc de Savoie, « a trouvé moyen par le traicté de de paix dernier destre acquitté et non tenu destre dun costé ny daultre, ains de demeurer neutre entre eulx deux » (2). Ce traité de paix dernier, c'est celui de Cateau-Cambrésis. De longues stipulations y assurent en effet la neutralité des États du duc de Savoie, qui avait été violée, tout comme celle de la Lorraine, tout à la fois par la France et par l'Espagne en 1552. Mais le traitement des deux princes, au moment des accords, avait été fort différent. La Lorraine n'avait reçu aucune assurance pour l'avenir, malgré les réclamations de Chrestienne de Danemark aux conférences de Cercamps. C'était même l'un des grands griefs de la duchesse douairière contre le cardinal de Lorraine, qu'elle accusait, par ambition, d'avoir traité par pure prétérition les intérêts lorrains aux accords dont il avait été le principal négociateur.

(1) A. M. M., série B, 416, f° 111ʳ.
(2) Iᴅ., ibid.

Et c'est ensuite le conseil formel de se régler bien plus sur les avertissements de Chrestienne que sur tous les autres. « Et ne se fault fier, en cas de régner, ny a parentaige ny a aliance, mais a soy mesme et a ses pere et mere, et a peine pourra lon tumber usant de ladvis de ses loyaux. (1) »

Parentaige, c'est le cardinal de Lorraine qui avait travaillé plus que personne, sans réussir du reste, à obtenir, dès 1550, la renonciation de la Lorraine à sa neutralité (2). Or il était à Bar-le-Duc. *Aliance*, c'est Claude de France qui a fait de Charles III le gendre de Catherine de Médicis et qui est aimée de son mari à qui elle vient de donner son fils premier-né. Et l'auteur désigne nettement quelle voix il doit entendre. C'est « la personne de ce monde qui plus vous aime et votre seureté et grandeur pour garder et consérver vos payz qu'ils ne tumbent en autruy main ». Indication très nette de la duchesse douairière Chrestienne, qui s'est toujours montrée fort jalouse des droits et autorité de son fils.

Bien plus, l'indication même des moyens par lesquels Charles III pourra éluder les sollicitations auxquelles il va être en butte de la part de ses « parentaige et aliance » est très significative. En effet, l'auteur continue : « Quelquesfois que lon se treuve pressé ou solicité en telz faiz, la deffaicte et responce plus convenable est de remonstrer son bas aage et sexcuser sur ses estatz, disant ne debvoir ny voulloir en telz faiz rien faire sans leur advis et bon conseil, puisqu'il fault quilz aient part au bien et au mal qui en peult advenir » (3).

Charles III, en effet, à Bar-le-Duc, pouvait s'excuser sur son âge de retarder une décision aussi importante : il n'avait pas encore vingt et un ans. Et d'un autre côté,

(1) ID., f° 111 .
(2) Voyez ses lettres dans les *Mémoires-Journaux de François de Lorraine*, collection Michaud et Poujoulat, VI, en particulier la lettre du 11 juillet 1550, p. 44.
(3) ID., f° 111 .

son conseiller connaissait trop.bien les sentiments des États
de Lorraine pour croire qu'ils admettraient jamais un tel
abandon de leur neutralité.

Ces raisons paraissent justifier d'une façon plus solide
la conjecture de Henri Lepage. Tous ces textes s'accor-
dent aux événements qui se déroulèrent dans la rencontre
de Bar-le-Duc. Et si l'on peut en ajouter une concernant
l'auteur du « Discours », c'est le ton même dans lequel il est
écrit; non seulement la modestie, mais la timidité d'un
homme qui n'a pas pris encore, dans des années d'exercice,
cette assurance d'autorité et de décision caractéristique des
vieux conseillers. Il semble donc bien qu'il faille admettre
parmi les objets des négociations qui eurent lieu à Bar-le-
Duc, du 1er au 9 mai 1564, cette grave question de la neutralité lorraine.

Abbé A. HUMBERT.

Président de la Société des Lettres, Sciences
et Arts de Bar-le-Duc.

LES
ORIGINES DU TITRE D' « ALTESSE »
CHEZ LES DUCS DE LORRAINE

Sous l'ancien régime, surtout chez les souverains dont la dignité était d'origine féodale, les titres officiels n'étaient pas une simple question de vanité : les princes s'efforçaient de les faire correspondre à la réalité, c'est-à-dire de traduire leur puissance et, au besoin, leurs prétentions par des mots appropriés. Ainsi le duc Charles III, qui mérite le surnom de *Grand,* a pris vers le milieu de son règne le titre d'*Altesse,* convenant à ses alliances et correspondant à ses ambitions ; ses successeurs devaient le garder intact plus d'un siècle avant de le renforcer d'un adjectif.

En étudiant les documents administratifs de la fin du XVIᵉ siècle, nous avons été frappé de voir la dénomination d'Altesse s'introduire peu à peu à partir de 1580, au moment où Charles III allait se mêler aux affaires de la Ligue, aussi nous sommes-nous demandé dans quelles conditions le duc a pris ce nouveau titre. Nous avons été devancé dans ces recherches par l'historien de Bar-le-Duc, Bellot-Herment (1), dont nous ne cessons de vérifier la minutieuse

---

(1) Charles III décida, le 15 novembre 1579, « que désormais l'année commencerait au 1ᵉʳ janvier..... *A ce moment, le duc reçut la qualité d'Altesse* ». F. A. T. BELLOT-HER-MENT, *Historique de la Ville de Bar-le-Duc,* 1863, p. 110. Cf. note suivante. — L'article de F. BRIARD et H. LEPAGE. *Des titres et prétentions des ducs héréditaires de Lorraine,* M S A L, 1885, p. 301-455, ne s'occupe que des titres géographiques et des prétentions territoriales, comme duc de Gueltre et roi de Jérusalem.

information; après avoir dépouillé les documents du Barrois conservés aux Archives de la Meuse, qui forment le fond de cette étude, nous avons pu en confirmer les résultats par ceux du duché de Lorraine, qui se trouvent aux Archives de Meurthe-et-Moselle; mais, si ces différentes pièces nous donnent des faits et des dates incontestables, ils restent muets sur les causes et même les circonstances de l'événement.

Depuis le règne de René d'Anjou jusqu'au début de celui de Charles III, les ducs de Lorraine et de Bar paraissent avoir reçu la dénomination de « très redouté seigneur »; vers 1560, le jeune prince paraît y avoir d'abord mêlé, puis substitué celle de « souverain seigneur » jusque vers 1580 (1). Par suite, à cette date, lorsqu'on s'adressait au duc ou qu'on parlait de lui, on disait « Monseigneur », soit en Lorraine, soit dans le Barrois (2). Très fréquemment aussi, tout au moins dans ce dernier duché, on réunit les deux titres, l'ancien et le nouveau, dans la formule « Notre très redouté souverain seigneur, Monseigneur le Duc (3) ». De même

(1) Bibliothèque municipale de Bar-le-Duc, *ms. 78* (note adventice) *et 113* ᴵᴵᵉ, p. 247, études de Bellot-Herment, dont la dernière intitulée : « Du titre d'Altesse accordé à nos ducs (Arch. du Barrois, cart. 211). » Cette référence s'applique au registre *B. 267*, cité plus bas, p. 63 n. 3; nous y avons vérifié l'assertion de l'érudit barisien pour 1484, 1490, 1509, 1538, 1544, 1558, 1560, 1565, 1571, 1576 et de 1579 à 1580, f. 5, 9, 28, 82, 136, 148, 167, 202, vᵒ et de 202 vᵒ à 225 vᵒ, mais n'avons pas trouvé le titre de « souverain seigneur » avant 1565 et 1571. L'hypothèse de Bellot (ms. cité p. 247), que la souveraineté sur le Barrois fit attribuer à Charles III le titre d'Altesse, doit plutôt s'appliquer à celui de « souverain seigneur ». Cf. pour d'autres documents des mêmes Archives, les prévôtés de Saint-Mihiel, Longuyon et Souilly, *B. 1099*, f. 146; *1994*, f. 68 vᵒ et *1278*, f. 74; de même, les requêtes des habitants du Val de Vaxey de 1567 et du 13 mai 1580, Arch. de M.-et-M., *B. 602*, nᵒˢ 111 et 127.

(2) *Id.*, requête de 1580 citée; comptes du receveur général de Lorraine en 1578, *B. 1880*, f. 92 et 258 vᵒ. — Arch. de la Meuse, en 1575, Chambre des Comptes (*Livre vert*), *B. 255*, f. 35 vᵒ; de 1579 à 1580, précités de Saint-Mihiel, Bouconville, Longwy et Briey, *B. 1100, 1602, 1941* et *2108, passim*.

(3) Nous n'en n'avons pas d'exemple en Lorraine; c'est l'appellation donnée par la municipalité de Bar en 1574 (Bibl. mun., *DD¹, passim*), par la Chambre des Comptes ou les prévôtés de La Chaussée et Briey, de 1579 au début de 1582. Arch. citées, *B. 267*, f. 143 vᵒ et *passim*; *B. 1608*, f. 53 et *2109*, f. 101.

la femme de Charles III, Claude de France, était appelée dans les deux duchés par les titres correspondants de « Madame » ou « Notre souveraine dame », formules auxquelles on ajoutaitparfois les mots « la Duchesse » (1).

La sœur de Charles III, Dorothée, duchesse de Brunswick, était également nommée « Madame » (2); au contraire, leur mère, Christine ou plutôt Chrétienne de Danemarck, recevait officiellement, à l'étranger comme en Lorraine et en Barrois, au moins à une certaine époque, le titre d'*Altesse* employé sous différentes formes : on disait « l'Alteze mère de Monseigneur le duc de Lorraine » ou « de Monseigneur », seul, « l'Alteze de Madame », ou « de Madame la Duchesse douairière » (3); de même, Charles III disait d'elle « Son Altesse, notre très honorée dame et mère »; ses sujets la nommaient « Son Alteze mère de Monseigneur », Lorrains ou Français l'appelaient « Votre Alteze » (4). Il ne peut y avoir aucun doute sur l'attribution de ce titre, car il ne prêtait à nulle confusion : les documents officiels émanant de la cour de Nancy opposent en quelque sorte les titres de « Monseigneur », de « Madame » et « d'Altesse » pour désigner respectivement Charles III, Claude de France et Chrétienne de Danemarck (5).

(1) Lettres patentes et comptes de 1563, Arch. de M.-et-M., *B. 37*, f. 36 et *1140*, f. 200. Comptes du receveur général du Barrois 1573, Chambre des Comptes 1580. Arch. de la Meuse, *B. 568*, f. 215 vº et *267*, f. 232.

(2) Comptes de 1578, Arch. de M.-et-M., *B. 1180*, f. 79; Prévôté de la Marche; Arch. de la Meuse, *B. 2439*, f. 92, vº.

(3) Abbé Humbert, *Ronsard à Bar-le-Duc;* B S L B, Bar-le-Duc, janvier-juin 1927, p. 101 ; comptes du receveur général du Barrois, 1572 ; Arch. de la Meuse, *B. 566*, f. 142. Lettres patentes de 1559 et 1567; Arch. de M.-et-M., *B. 33*, f. 42 vº et *B. 35*, f. 98. Prévôté de Longwy. Arch. de M.-et-M., *B. 1935*, f. 85. — En 1545, elle était appelée « Madame la duchesse douairière », en 1547 et 1549, l' « Excellence de Madame la duchesse » ou « de Madame » seule. Arch. de la Meuse, *B. 267*, f. 104, 111 et 114.

(4) Lettres patentes de 1563 et 1573, Arch. de M.-et-M., *B. 35*, f. 52 vº et *B. 42*, f. 234; Compte des receveurs du Barrois, Arch. de la Meuse, *B. 567*, f. 142, vº; lettres patentes de 1563, 1565 et 1573 et compte du receveur de Lorraine, Arch. de M.-et-M., *B. 35*, f. 52; *B. 37*, f. 15 et *B. 42.* f. 261; *B. 1140*, f. 196; comptes des reveveurs de Pont-à-Mousson et de Louppy en 1565 et 1569-1570, Arch. de la Meuse, *B. 1002*, 2ᵉ cahier, f. 3, et *B. 1384*, f. 27. Cf. sonnet de Ronsard de 1564 environ, cité par l'abbé Humbert, *l. c.*

(5) Un acte de 1567, qui crée un conseil des Finances, commence ainsi : « Il a pleu

Dans la seconde partie de l'année 1579, le duc paraît avoir superposé aux anciennes formules le titre nouveau d'*Altesse* qui devait peu à peu le remplacer. Nous n'avons trouvé, dans les Archives de Lorraine, aucun document émané du duc qui ordonnât officiellement cette mesure et nous doutons fort qu'il en existe ; mais les archives des deux duchés nous font pressentir comment le fait a dû se produire. Dès le 20 juillet 1579, le répertoire de la Chambre des Comptes de Nancy commence un acte par le titre de « Souverain seigneur » et se termine par celui de « Son Alteze (1) ». Le 3 septembre 1579, un acte de la Chambre des Comptes du Barrois concernant à Bar-le-Duc même les biens de Thierry-Alix, conseiller privé du duc, président de la Chambre des Comptes de Lorraine, et, par conséquent, vraiment officiel et sans doute inspiré par le Conseil du Duc à Nancy, commence ainsi : « Il a pleu à l'*Altesse* de Monseigneur et de Notre Souverain Seigneur » ; dans un registre de la Chambre des Comptes « contenant la réception de tous les officiers du duché de Bar » depuis la fin du XVᵉ siècle, la formule équivalente, « l'*Altesse* de Notre Souverain Seigneur, Monseigneur le duc » est employée dès le 30 octobre 1579, puis alterne avec « l'Altesse de Notre Souverain Seigneur » jusqu'au 21 septembre 1582 ; elle paraît avoir passé dans le protocole, dès le mois de mai 1580 en Lorraine et, l'année suivante, en Barrois (2).

à l'Alteze de Madame et de Monseigneur », LEPAGE, *Les Offices des duchés de Lorraine et de Bar*, 1869, p. 198. Lettres patentes de 1565, *passim*, Comptes de 1565 et 1578 ; Arch. de M.-et-M., *B. 37, 1140 et 1180, passim.*

(1) Arch. de M.-et-M., *B. 10375*, f. 63. Les actes suivants des 27 et 29 juillet et du 27 septembre suivants reproduisent la même formule, ce n'est que le 23 janvier 1580 que l'on trouve « l'Alteze de Notre Souverain Seigneur. » *Id.*, f. 64, 65, 100 et 123.

(2) Arch. de la Meuse, *B. 228*, f. 183 vᵒ ; *B. 267*, f. 229, 230 vᵒ, 238 et 241-2. Une information du prévôt de Château-Salins, datée de Pulligny, le 15 mai 1580, sur la requête des habitants du Val de Vaxey commence : « Satisfaisant à l'ordonnance de l'*Alteze de Notre Souverain Seigneur* », Arch. de M.-et-M., *B. 602*, nᵒ 127 *bis.* — Le 22 juillet 1581, le receveur de la baronnie de Viviers, qui relevait du Barrois, parle d'une lettre envoyée « par l'*Altesse* de Monseigneur le duc de Lorraine et de Bar » ; à la fin de l'année 1581, le receveur de La Chaussée qui, quelques mois auparavant écrivait encore « Notre Souverain Seigneur Monseigneur le duc », parle de « l'*Alteze* de Monseigneur », Arch. de la Meuse, *B. 3114*, nᵒ 171, et *1698*, f. 53, 106 et 107 vᵒ.

Cette formule compliquée ne tarda pas à se simplifier : dès le milieu de l'année 1580, la Chambre des Comptes du Barrois désignait le duc par l'expression « Son Altesse » et presque aussitôt les receveurs des différentes prévôtés en faisaient autant (1). A Nancy, la même abréviation se produisit, peut-être un plus peu rapidement (2). De même, en s'adressant au Prince, un des membres de la Chambre des Comptes de Bar, Martin le Marlorat, disait « Votre Altesse » dès le début de 1580 et des Lorrains employaient la même formule un peu plus tard (3).

Le mot français *altesse*, qui, issu du superlatif latin *altissimus*, vient directement de l'italien *altezza*, a été emprunté par la France au XVIe siècle après les guerres d'Italie, au moment de la Renaissance, avec bien d'autres mots désignant les institutions militaires ou les beaux-arts (4). Cet emprunt est d'autant plus probable pour la Lorraine, que le mot y est presque toujours orthographié, à l'espagnole ou à l'italienne « Alteze » ou « Altezze » et rarement à la française « Altesse », en Lorraine comme dans le Bar-

(1) A partir de 27 juin 1580, Arch. de la Meuse, *B. 267*, f. 237 ; dès la fin du registre de 1579, rédigé sans doute l'année suivante, la formule est employée par le prévôt de Longwy, a lorsque le début portait « Monseigneur », Id. *B. 1941*, f. 1, 88 v° et 89 ; à la fin de 1580 à la Marche, *B. 2444*, f. 116 v° et 117 ; à la fin de 1581 à Souilly, *B. 1279*, f. 85 v° ; à Bouconville où, au début, on disait encore « Monseigneur », *B. 1603*, f. 30 et 87 ; à Briey et Norroy-le-Sec, *B. 2109*, f. 101 et *2674*, f. 56 et 59 ; en 1582, à Louppy, Châtillon-sur-Saône et Morley, *B. 1390*, f. 42 v° et 46 ; *2550*, f. 49 et *2764*, f. 46 ; en 1583 seulement à Rembercourt-aux-Pots et La Chaussée, *B. 2849*, cahier III, f. 10 v° et *1699*, f. 103.

(2) Dès le 10 mars 1580, le répertoire de la Chambre des Comptes de Nancy porte « le rapport de Son Alteze », Arch. de M.-et-M., *B. 10375*, f. 123. En dehors de ce répertoire, nous n'avons pas relevé l'expression avant le 7 août 1581, dans une ordonnance, *B. 415*, f. 90 ; des lettres patentes portent encore, le 5 septembre, « Monseigneur » et le 12 novembre seulement, « Son Alteze », *B. 51*, f. 138 et 162 v°.

(3) Épître dédicatoire aux *Covstvmes du bailliage de Bar* de Martin Le Marlorat, datée de Bar-le-Duc, 20 janvier 1580, Bibl. de Bar-le-Duc, *ms. 29*, p. 1 (exemplaire original annoté ; imprimé à Saint-Mihiel, 1614). — Lettre des habitants du Val de Vaxey, du 13 mai 1580, citée plus haut, p. 62, note 1, fin, éd. par Lepage, les *Communes de la Meurthe*, t. II, p. 642. — En 1596, le 4 février, paraissent des lettres reversales « Pour l'*Altesse* de Notre Souverain Monseigneur le duc de Bar... des..... habitans... du village de Bouch, prévôté de Foug ». Arch. communales de Boucq, n° 19.

(4) *Encyclopédie* Larousse, t. I, p. 238, s. v. Hatzfeld, Darmsteter et Thomas, *Dictionnaire général de la langue française*, t. I, p. 78-79, et 22.

rois, soit par la Chambre des Comptes, soit par les receveurs' des prévôtés, depuis 1580 jusque vers la fin du
siècle (1). C'était là précisément l'orthographe officielle
du titre de la duchesse douairière Chrétienne, employée
en Italie et en France, en Lorraine et en Barrois, à la cour
du duc, à la Chambre des Comptes de Bar et dans plusieurs
prévôtés qui en dépendaient (2).

Il y a donc, semble-t-il, identité absolue entre les deux
titres, et celui de Christine a dû servir de modèle à celui de
Charles III. Cela s'explique d'autant mieux que la vieille
princesse était fille de roi et nièce d'empereur : son père,
Christian II, avait régné en Danemarck, en Suède et en
Norvège, sa mère, Élisabeth d'Autriche, était sœur de
Charles-Quint; de plus, avant d'épouser en 1544 le duc
François Ier de Lorraine, Chrétienne avait eu comme premier mari, dès 1534, François Sforza, dernier duc de Milan,
et avait consèrvé, d'après son contrat de mariage, la ville
de Tortone, enclavée dans le Milanais; elle parlait italien
et restait princesse italienne (3). C'est sans doute en cette
double qualité de souveraine allemande et italienne,
qu'elle portait le titre d' « altesse », que prenaient d'ordi-

(1) Le dictionnaire italien donne « *altezza* », l'espagnol « *alteza* »; cf. vers 1585
« Relaçion... de Sus *Altezas* », Ann. de la Fac. des Lettres de Bordeaux, *Bulletin
hispanique*, 1910, p. 142. — Les pièces de janvier, mars et mai 1580 citées ci-dessus,
p. 63, n. 3, p. 64, n. 2, p. 62, n. 1, et p. 63, n. 4, portent toujours « Alteze »,
sauf une fois « Altezze »; cf. pour les lettres-patentes de 1582, note 2 ci-dessus, et en
1583, *B. 52*, f. 6; l'orthographe « Altezze » figure dans des ordonnances de 1587 et
1597, *B. 415*, f. 154 et s. p. La Chambre des Comptes de Bar orthographie « Alteze »
en 1582, 1583, 1593 et 1598, une seule fois en 1581, Arch. de la Meuse, *B. 2966 s. a.*
et *255*, f. 112 v° et 109, *B. 267*, f. 238 v°; la plupart des prévôtés ci-dessus, Longwy,
Châtillon, Norroy, Morley et Rembercourt font de même.

(2) « Alteze » représentant *Alteza* vers 1564 chez l'ambassadeur vénitien, ab.
Humbert, *l. c.*; à Nancy, lettres-patentes de 1559 à 1573, comptes du receveur de
1578, cités plus haut, p. 63, n. 2; à Bar, comptes de 1572 et 1576 cités même note et
précédente; à Louppy et Pont-à-Mousson, *ibidem*.

(3) DIGOT, *Histoire de Lorraine*, t. IV, p. 86-87; cf. article cité de Briand et Lepage,
M S A L, 1885, p. 410-411, et notre ouvrage, *Les prétentions de Charles III... à la
couronne de France*, 1909, p. 37, note 7. Il n'y a rien d'intéressant au point de vue
lorrain dans Julia CARTWRIGHT, *Christiana of Denmark, Duchess of Milan and Lorraine, 1522-1590*, London, 1919, in-8, que nous a prêté notre collègue M. l'abbé
Humbert; les deux derniers livres sont intitulés : *The Return to Lorraine*, 1559-1578,
et *The Lady of Tortona*, 1578-1590, p. 450 ss. et 496-515.

naire les princes de la Maison d'Autriche et qui était la plus haute de toutes les qualités accordées aux princes souverains, au point qu'on la donnait d'abord aux rois et plus tard à leur famille (1).

On conçoit donc que Charles III ait voulu prendre le même titre que sa mère et que celle-ci l'en eût encouragé; mais pourquoi a-t-il attendu jusqu'en 1579, où elle avait quitté Nancy pour retourner en Italie? Nous en sommes réduit là-dessus à des conjectures, faute de savoir à quelle date exacte il a commencé à s'attribuer ce nouveau nom, mais nous soupçonnons que la Cour de France a dû influer sur sa détermination. Le duc avait, dès 1559, épousé une princesse de sang royal, Claude de France, fille de Henri II, et de Catherine de Médicis, mais la duchesse joua un rôle très effacé et était morte au début de 1575 (2); toutefois Charles III restait le gendre préféré de Catherine, princesse italienne, et le beau-frère souvent écouté du roi Henri III, beaucoup plus Italien que Français. Ce prince, dont le caractère et le rôle allaient avilir la royauté, essayait d'autre part de la relever par la pompe des titres et le cérémonial : c'est lui qui a fait de Paris la résidence définitive de la Cour, à laquelle il a imposé une étiquette rigoureuse, avec les titres de *Majesté*, d'*Altesse* et d'*Excellence* empruntés au Bas-Empire par les petites cours d'Italie, et c'est pour la première fois, en 1583, que la question des préséances entre les princes du sang sera débattue entre les cardinaux de Guise et de Bourbon; sans doute, la fameuse ordonnance, qui « est le premier code officiel de l'étiquette à

___

(1) Articles *Altesse* dans : MORERI, *Le grand dictionnaire historique*. Paris, 1732, t. I, p. 320 (Cf. *Encyclopédie* de Diderot, Genève, 1778, t. XX, p. 761, *s. v.*, *Majesté*); *Encyclopédie* Larousse, t. I, p. 238; *Grande encyclopédie* Lamirault, t. II, p. 550. — Catherine de Bourbon, sœur de Henri IV, prenait le titre d'*Altesse* avant son mariage et le garda naturellement après. R. RITTER, *Lettres... de Cath. de Bourbon*, Paris, 1927, en 1592 et 1601, p. 23, note 1 et 230, note 1.

(2) Cf. nos *Prétentions*, p. 15, note 3. Il est donc impossible d'accepter l'assertion de BELLOT-HERMENT, *ms. 78* cité, que, « après son mariage... Charles III fut traité d'*Altesse* ».

la Cour » date du 1er janvier 1585, mais elle n'a dû, comme toutes les lois, que fixer un état de choses existant déjà depuis de longues années (1). Charles III, comme il devait faire à plusieurs reprises (2), a dû d'autant plus vouloir en cela imiter son beau-frère qu'ils étaient chacun fils d'une princesse italienne; or, au mois de décembre 1578, le roi de France, pour gagner la noblesse et accroître son propre prestige, venait de créer l'*ordre du Saint-Esprit*, réservé aux gentilshommes, dont la première liste parut le 1er janvier 1579 (3); peut-être, pour ne pas paraître inférieur à son beau-frère qui venait de prendre le titre de *Majesté*, le duc, chef de la Maison de Lorraine, et qui, comme tel, songeait déjà à revendiquer le trône de France, y a-t-il en quelque sorte répondu en se donnant la qualité d'*Altesse* (4).

Ce titre devait rester longtemps celui des ducs de Lorraine. Il n'y en avait pas alors d'autre immédiatement inférieur à celui de *Majesté ;* un demi-siècle après, on créa celui d' « Altesse *royale* » qui fut pris par les fils des rois d'Espagne, de France, d'Angleterre et du Nord, et sans doute par d'autres princes souverains d'origine royale (5). C'est ce titre que rêve d'obtenir le duc Léopold, prince d'origine autrichienne, fils de Charles V de Lorraine et de Marie-Éléonore d'Autriche, reine douairière de Pologne et sœur de l'empereur Léopold Ier, d'un carac-

(1) LENIENT (C.), *La Satire en France au XVIe siècle,* nouvelle édition, 1877, l. III, chap. VI, t. II, p. 54 ; BATIFFOL (L.), *Le siècle de la Renaissance.* Paris, 1909, p. 331-332, analyse en détail l'ordonnance de 1585.

(2) Le mandement de Henri III aux prévôts pour la réforme du calendrier est du 2 novembre 1582, l'édit de Charles III du 22, A. GIRY, *Manuel de diplomatique,* 1894, p. 165-166, preuve évidente que celui-ci imite celui-là.

(3) MARIÉJOL, *Histoire de France,* dirigée par E. Lavisse. Paris, 1904, t. VI, p. 218-219.

(4) Cf. *Les prétentions* p., 10-23, « lorsque les rois quittèrent le titre d'Altesse pour celui de Majesté, les princes souverains qui ne sont point têtes couronnées prirent la qualité d'Altesse », Moreri, p. 320.

(5) *Id.,* p. 320-321. — D'après Lepage, art. cité, p. 430, les ducs antérieurs à Léopold auraient pris le titre d' « Altesse sérénissime », que portait le prince de Condé, Larousse, p. 238; nous n'avons pu vérifier ce fait.

tère ambitieux et chimérique, qui aimait les titres de noblesse et voulait en tous points imiter Louis XIV (1); déjà, le 27 juin 1700, il avait fait frapper des monnaies où il s'intitulait « roi de Jérusalem » et se couvrait de la couronne fermée des rois quand, au mois d'octobre 1700, un diplôme de l'Empereur son oncle lui accorda le titre d'« Altesse royale (2). Il voulut alors faire reconnaître cette qualité de son autre oncle, le roi de France, dont il avait, dès 1698, épousé la nièce, Élisabeth-Charlotte d'Orléans, fille de Monsieur et de la princesse palatine, que l'on nommait « Madame Royale » comme fille de France; mais ses sympathies pour l'Autriche et peut-être le ressentiment de Mme de Maintenon empêchèrent le grand roi de le lui accorder. Quand, à l'avènement de Louis XV, le beau-frère de Léopold, Philippe d'Orléans, fut devenu régent de France, le traité de Paris, du 21 janvier 1718, reconnut ce titre au prince de la part de la France (3). Ce fut la dernière qualité que s'attribuèrent nos ducs nationaux jusqu'en 1737, où le dernier, François III, fut remplacé par le roi de Pologne, Stanislas Leczinski.

*
* *

C'est donc vers 1580 que le duc de Lorraine Charles III a pris définitivement le titre d'Altesse, sans doute à l'imitation directe de sa mère Christine de Danemarck et indirecte de son beau-frère Henri III; c'est seulement en 1700 que Léopold le renforcera par l'épithète de « royale ». Ainsi chacun de ces souverains se plaçait immédiatement au-dessous des rois leurs contemporains.

---

(1) Sur son caractère, v. Digot, t. VI, p. 113, confirmé par R. Parisot, *Histoire de Lorraine*, t. II, 1922, p. 102 et 104, et G. Morizet, *Histoire de Lorraine* (Les Vieilles Provinces de France). Paris, 1926 p. 282 et 236-237.

(2) Lepage, art. cité, p. 430-431; cf. Digot, t. VI, p. 29. — Dès le 13 août 1708, un arrêt de la Chambre des Comptes de Lorraine qualifie Léopold de S. A. R., art. de Lepage, p. 485.

(3) Digot, t. V, p. 431 et t. VI, p. 11-12; Mourin, *Récits lorrains*, 1893, p. 311-312, d'après Baumont; Morizet. p. 237.

De ces deux actes, le premier a été le plus important et le plus durable; c'est aussi pour l'historien le plus fécond en conséquences. Sa détermination ne fixe pas seulement un point de cérémonial et de diplomatique lorraine, elle éclaire les relations de Charles III avec la France et surtout elle est d'un intérêt capital pour l'érudit en permettant de fixer approximativement les dates de certains documents ou d'en rectifier d'autres. Une étude fameuse de Léopold Delisle sur les formules employées par le roi d'Angleterre Henri II permettait de classer en deux groupes les documents non datés (1); de même, toute proportion gardée, si notre conclusion est exacte, on aura désormais un *criterium* sûr pour rejeter vers la fin du xvie siècle ou au début du xviie siècle les actes émanant du duc Charles III, dont la chronologie est incomplète.

Ainsi, un état des biens d'église « des païs de Son Altezze » d'une écriture nettement gothique, qui figure dans les documents de la Chambre des Comptes de Bar, remonte probablement à la fin du xvie siècle (2); les lettres patentes de 1563 et 1564, « expédiées sous le grand scel de Son Altesse » et où un office est attribué à un « secrétaire de Son Altesse », conservées dans le fonds de Lorraine, paraissent avoir été transcrites après 1580, hypothèse que confirme indirectement le texte d'une « Ordonnance de Son Altesse » de 1576, imprimée en 1615 (3). De même, nous pouvons affirmer que l'histoire de Lorraine sous le duc Charles III, œuvre du fameux archidiacre de Toul François de Rosières, n'a pas été composée au jour le jour, mais écrite après son

---

(1) DELISLE (L.), *Les actes de Henri II* d'après les formules « *Henricus rex Anglorum* » et « *Henricus dei Gratia rex Anglorum* ».

(2) Arch. de la Meuse, *B. 354* et *355*. A. SCHMITT, *Le Barrois mouvant au XVIIe siècle, Mém. de la Soc...... de Bar-le-Duc*, 1929, p. 395, note 4, déclare précisément que le second de ces volumes est postérieur à 1582; comme tous deux sont de la même écriture de la fin du xvie siècle, ils doivent être de la même date.

(3) Arch. de M.-et-M., *B. 35*, titre, et *B. 36* f. 160.; cf. *B. 415*, f. 85. — Ainsi s'explique en *1566* la formule « banny des pays de Son Altesse » citée par l'abbé HUMBERT, *Bull. de la Soc.... de Bar-le-Duc*, juillet-décembre 1928,, p. 231 puisqu'elle est empruntée aux lettres patentes *B. 37*.

procès de 1583, puisque l'appellation « Son Altesse » s'y trouve depuis 1576 au moins (1). Enfin, si certains lieux-dits meusiens, comme *la Marlorate* à Guerpont, appartiennent vraisemblablement au plus tôt au XVIe siècle, on peut mieux encore l'affirmer pour le lieu-dit *l'Altesse* et le *Champ Son Altesse*, qui se trouvent dans le Sud de la Meuse (2). Tel problème d'érudition, en apparence minime, peut, on le voit, surtout s'il est d'ordre chronologique, avoir des répercussions sur bien des points dans les sciences auxiliaires de l'histoire.

Louis DAVILLÉ.

(1) Bibl. mun. de Nancy, *ms. 795* (ancien *152*), f. 255, 262 v° et 329 v°; cf. notre article, *Rosières de Chaudeney et l'Histoire de Charles III, Ann. de l'Est et du Nord*, avril 1907, p. 200-235.

(2) DANNREUTHER (H.), *Les Mariorat* (1506-1642), p. 1 (*Annuaire de la Meuse de 1891*). — Maxe WERLY, *La reconstitution* au moyen du cadastre de l'*état ancien du Barrois, Bull. de la Soc. de Géograph. de l'Est*, 1887, p. 309, cité *Le champ Son Altesse ;* ses dossiers sur les localités des arrondissements de Bar-le-Duc et Commercy (Bibl. de Bar, ms. *31493* (dossier 61) et *31503* (dossier 280) nous permettent de le localiser à Contrisson et l'*Altesse* à Vaudeville.

UNE LETTRE INÉDITE

DE

MADAME DE SAINT-BALMON

Le hasard d'un catalogue a enrichi mes collections d'un précieux autographe de l' « Amazone chrétienne », Alberte-Barbe d'Ernecourt, dame de Saint-Balmon (1) : c'est une lettre, en date à Neuville du 17 février 1655, et adressée par l'héroïne à M. le marquis de Feuquières, gouverneur du Verdunois, à Verdun. Les cachets de cire noire, aux armes de la famille d'Ernecourt : d'azur à 3 pals abaissés d'argent, et en chef trois étoiles d'or, sont demeurés intacts. L'on sait que Mme de Saint-Balmon entretenait les relations les plus cordiales avec Mme de Feuquières. L'abbé Arnauld, dans ses *Mémoires*, note en effet qu'il l'a vue plusieurs fois chez Mme de Feuquières, à Verdun. Elle se rendait en carrosse chez son amie; ce qui ne l'empêchait pas au retour et une fois hors de la ville, de quitter son habit de femme,

---

(1) Sur Mme de Saint-Balmon, cons. : *L'Amazone chrétienne ou les aventures de Mme de Saint-Balmont*, Paris, Méturas, 1678, du P. Jean-Marie DE VERNON. — Fr.-Jean DES BILLONS, *L'histoire de Mme de Saint-Balmont*, 1773, rééditée dans l'Almanach de Bar, 1863, p. 24. — *Notice sur Mme de Saint-Balmont*, dans l'Austrasie, Revue, 1838, t. II, p. 328. — A. HENRIOT, *Chroniques lorraines, la dame de Neuville*, 1635, 1876, p. 145. — Comte DE LAMBEL, *Biogr. lorr.*, 1885, p. 75. — VINCENT-DUBÉ, *Le monastère des Clarisses de Bar-le-Duc*, 1912, p. 37. — Ernest BEAUGUITTE, *Mme de Saint-Balmont, dans les Belles Pages meusiennes* 1913, p. 21. — A. SCHMITT, *Le Barrois mourant au XVIIe siècle*, 1929, p. 173.

de monter à cheval et de servir d'escorte aux dames qui l'accompagnaient et qu'elle avait laissées dans son carrosse.

En l'absence de tout document, les divers biographes de Mme de Saint-Balmon sont très sobres de détails sur la période de sa vie allant du 25 juillet 1646 (date où elle fait vœu de continence et chasteté perpétuelle) au 19 mars 1659 (date de son entrée au couvent des Clarisses de Bar). Ils se contentent d'assurer que, lors du mariage de sa fille en 1646, l'amazone voulut renoncer au monde et entrer en religion, mais que, sur les instances de ses amis, alors qu'au surplus tout le monde, y compris le maréchal de La Ferté, « la regardait comme une héroïne d'autant plus respectable qu'elle bornait ses exploits à la défense des opprimés », elle ne donna pas suite à son dessein; ils ajoutent qu'il ne paraît pas cependant qu'elle ait eu dans la suite l'occasion d'exercer ses talents guerriers.

La lettre qui nous est révélée aujourd'hui permet de combler cette lacune et de connaître les vicissitudes qu'éprouva Mme de Saint-Balmon au cours des années qui se placent entre 1646 et 1659.

Hélas ! sur sa route, elle a rencontré un homme — en était-ce un vraiment ! — plus terrible et plus odieux que le plus terrible et le plus odieux des Croates : cet « ennemi du genre humain », c'est le marquis de La Ferté-Senectère. Les lignes tracées par Mme de Saint-Balmon constituent le plus impitoyable, en même temps que le plus justifié des réquisitoires contre La Ferté. Rien n'a pu faire fléchir ce cœur de pierre : ni les instances, ni les prières, ni les services rendus. Mme de Saint-Balmon possède en effet des titres à sa reconnaisance : elle l'a empêché d'être pris par le duc d'Havré; elle a fourni des escortes à tous ses envoyés et elle lui a remis huit chevaux dont le moindre valait 30 pistoles. Tout cela en pure perte. « Ce tyran s'acharne sans autre raison que celle de sa passion qui le porte à ne rien laisser

et à être maître des corps de même que des biens. » C'est
un monstre d'ingratitude.

· La Ferté commence par s'en prendre à la maison que
Mme de Saint-Balmon possède à Gibeaumeix. Il la fait
occuper par ses dragons, et refuse, malgré toutes les repré-
sentations, de rapporter cet ordre. La Ferté a donc juré
la perte entière de Gibeaumeix. Le lieutenant, qui en commande la garnison, ne peut y trouver son compte qu'en
faisant main basse sur ce qui appartient à Mme de Saint-
Balmon. Il croit devoir en référer à La Ferté, qu'il va trouver à Nancy pour lui demander un autre lieu d'occupation.
« Si je te trouve encore demain à la ville, je te ferai pendre »,
lui jette La Ferté pour toute réponse. Les exactions conti-
nuent donc à Gibeaumeix : les gens du maréchal menacent
de jeter le bâtiment par terre et de refuser toute obéissance
à l'intendant; ils rouent de coups un pauvre receveur âgé
de plus de soixante-dix ans que Mme de Saint-Balmon y
avait mis.

Depuis 1652, environ, c'est au tour de la terre de Neuville, « le meilleur du bien » de Mme de Saint-Balmon, à pâtir
du traitement que lui inflige La Ferté. Pour éviter le logement du régiment de cavalerie que ce dernier doit envoyer, Mme de Saint-Balmon a dû se défaire de son train,
vider sa maison et son village, et mettre sous la protection de M. de Feuquières ce qu'elle a pu sauver de cette
« âme insatiable ». Mme de Saint-Balmon est pourtant allée
trouver La Ferté à son retour du siège de Clermont, et lui
a offert douze chevaux ou leur équivalent en argent. Mais,
pour le maréchal, il n'est pas encore temps et il faut se
résoudre tôt ou tard de voir un quartier d'hiver à Neuville.
A ce dernier coup, Mme de Saint-Balmon entrevoit une ruine
prochaine. Aussi, songe-t-elle à vendre sa terre de Neuville
pour moitié de sa valeur, et à se retirer près de M. de Feuquières, où elle mènera une vie « bien éloignée de sa condition
et du peu de santé qui lui reste ». C'est pour obtenir la per-

mission d'agir de la sorte que Mme de Saint-Balmon écrit à M. de Feuquières en lui exposant les misères que nous avons relatées d'après son récit même.

Il est permis de penser que M. de Feuquières se refusa à autoriser Mme de Saint-Balmon à se séparer du bien qui lui venait de ses ancêtres, puisqu'elle devait plus tard y finir ses jours. En tous cas, il semble qu'on doive chercher dans l'écrit qui nous est conservé le germe de la vocation religieuse qui, dans la nuit du 19 mars 1659, vint précipiter Mme de Saint-Balmon aux genoux de l'abbesse et des sœurs du couvent de Sainte-Claire à Bar-le-Duc.

Pour terminer, voici le texte même de la lettre de Mme de Saint-Balmon :

A Neuville, ce 17e février 1655.

Monsieur,

Ce ne sera pas sans étonnement que vous verrez la permission que je vous demande de vendre ma terre de Neuville lieu seul qui subsiste encor dans vostre gouvernement par la genereuse bonté que vous avez toujours eu de me protéger. Vous m'accuserez sans doute d'ingratitude, d'abandonner ce que je tiens de vos bienfaicts. Mais, Monsieur, après le traitement que Monsieur le Mareschal de La Ferté me faict faire dans ma maison de Gibomeix par ses dragons et celuy que j'ai receu icy de luy depuis trois ans, m'oblige de me defaire du meilleur de mon bien pour éviter une ruine totalle. Vous ne pouvez pas ignorer la quantité de grains, de chevaux, et d'autres choses qu'il a fallu lui donner, et que vostre gouvernement est plus ruiné de luy sans comparaison que non pas des ennemis. Je luy avois offert douze chevaux ou l'argent lorsque je le fus voir à son retour du siège de Clermont, sa responce fut qu'il n'estoit pas encor temps, et qu'il falloit me resoudre tost ou tard de voir un quartier d'hiver à Neuville. Ces parolles qui ont leur effect quand il luy plaist, m'ont faict songer de donner ma terre pour la moictié de ce qu'elle vaut. Il ne reste plus que vostre agréement que je vous demande avec la grace de me retirer

près de vous pour m'exempter du plus cruel de tous les hommes.
Quantité de personnes de condition et d'honneur se sont entre-
mis pour luy faire changer l'ordre de Gibomeix, ou du moins
avoir d'autres lieux pour leur subsistance comme tous les autres
en ont, il s'est roidi contre leurs prières, sçachant bien que tout
ce qui est dans la maison m'appartient. Il en veut la perte entière. Le lieutenant qui commande cette garnison ne treuvant
pas son compte à moins que de prendre çe qui dépendoit de moy,
le fut treuver à Nancy pour avoir un autre lieu, il eust pour
responce que s'il estoit encore le lendemain à la ville, il le feroit
pendre, de la vous devez juger ce qu'il veut dire. Ses gens qui le
connoissent en usent comme il luy plaist. Ils menacent de mettre
le bastiment à terre, et de ne rendre aucune obéissance à l'intendant. Ils ont roué de coup un pauvre receveur que j'ay avois
qui a plus de soixante et dix ans, et mes amis me mandent que
je ne dois espérer de luy que de très grands maux en vain je le
sauvay d'estre pris du Duc d'Hauré; de luy avoir fourny des
escortes à tous ses envoiez ou j'y ai mis huict chevaux dont le
moindre étoit de trente pistolles, et tant d'autres services que le
luy ai rendus qui estonnent le monde de son ingratitude. Mais
il m'est inutil de vous représenter toutes ces choses puisque vous
les sçavez si bien, et que vous mesme aves ressenty à quel peine
il sçait user de son pouvoir tyrannique. Je vous envoie une partye
des pièces justifiantes des services que j'ay rendu à la France.
C'est le premier demeublement que je fais puisqu'elles ne sont
plus considérées dans ce temps. Je ne les puis mettre en depost
en meilleure main que la vostre, vous y verrez, Monsieur, les
faveurs que j'ay receu de feu Monsieur le Gouverneur vostre
père, combien il a faict connoistre au feu Roy l'ardeur de mon
zèle; les soins qu'il avoit pour ce suiet, d'une personne qui ne
luy pouvoit estre considérable que pour cette chaleur et fidélité
qu'il a reconneu en toutes mes actions qui ont demeuré dans leur
vigueur, jusques à ce que cette ame insatiable d'avoir, m'a con-
traint de me défaire de mon train, et vuider ma maison et mon
village pour éviter le logement de son regiment de Cavallerie
qu'il y devoit envoier. Pardonnez Monsieur, à tant de veritez
que vous sçavez mieux que moy, puisque dans mon malheur
vous me tendistes les bras, et receustes sous vostre protection
ce que j'avois sauvé de cet ennemy du genre humain mais je ne
vous fais ce récit que pour vous faire voir les raisons qui me for-
cent à vendre un bien que je tiens de mes ancestres, ou je croiois

pouvoir mourir en repos, et quand je n'aurois pas faict ce que mon affection m'a faict entreprendre au dessus de mon sexe, le nom et la qualité de vesve méritoit un autre traitement. Je vous avoue que ce n'est pas sans une violence très grande que je je me suis résolue à cette vente qui me reduict à meiner une vie bien esloignée de ma condition et de peux de santé qui me reste. Mais aux maux extremes, il faut des remedes de mesme. J'ay appris vostre départ ce qui me faict vous envoier ce gentilhomme qui vous dira le reste de bouche. Je crains de vous estre enuieuse mais on ne peut parler de ce cœur barbare avec restriction, et quoy que le monde en puisse dire il en restera beaucoup que la crainte et l'horreur faict couvrir du silence. J'ay souffert jusques icy sans me plaindre, et mes larmes et gémissements sont convertis en pierres et cailloux qui se remuent à la seule frayeur de ce nom. Ne m'abandonnez pas, Monsieur, dans cet excès de misères ou tous les miserables ont recours pour estre délivrez de ce tyran qui s'est acharné sans autre raison que celle de sa passion qui le porte à ne rien laisser et à estre maistre des corps de mesme que des biens. Il les faut abandonner pour une dernière fois, et ceder à celuy contre qui rien ne peut résister. Vostre prudence seule, et vostre conduicte admirable l'a faˑct avec tant de bonheur que tout le pais voisins s'en estonne, et moy je me sers de cet avantage pour me sauver sous vostre abry, ou je vous rendray les devoirs et sousmissions que vous pouvez désirer.

De vostre très humble, très obéissante et très obligée servante,

BERNECOURT de Saint-Balmon.

Monsieur, j'ay une parente religieuse au val de grace qui s'appelle la mère Benoist, je vous mets son nom de peur de mesprise, elle est souvent abbesse du lieu, je vous conjure de vous donner la peine de la voir, et de luy faire un ample récit de mes misères, elle me faict l'honneur de m'aymer, vous qui faictes estat des personnes de mérite et de vertu vous trouverez auprès d'elle une connoissance digne de vostre estime, et très cherie de la plus soumise de vos servantes.

Monsieur le Marquis de Feuquière, gouverneur du Verdunois, à Verdun.

Mme de Saint-Balmont contre M. de la Ferté. Janvier 1655.

Cette page, d'une langue pleine et solide, marque chez son auteur une connaissance approfondie de l'art d'écrire (1). A la valeur littéraire d'un tel document s'ajoute la valeur psychologique. L'âme du marquis de La Ferté Senectère s'y trouve mise à nu. La France eut là un bien singulier représentant, et l'on peut être surpris que le joug d'un tel personnage ait pu ainsi s'appesantir impunément pendant dix-huit années sur le Barrois et la Lorraine.

Lucien BRAYE.

(1) Mme de Saint-Balmon savait le grec et le latin. M S L B, IV, 4, LXVIII.

AUTOUR DU « MILLIARD DES ÉMIGRÉS »

LES RACHATS DES ÉMIGRÉS
ET L'INDEMNITÉ ACCORDÉE POUR CES RACHATS (1825)

Lorsque le Gouvernement de la Restauration entreprit en 1825 d'accorder aux émigrés une indemnité pour les biens qu'ils avaient perdus du fait des lois révolutionnaires, les immeubles jadis confisqués sur les absents (émigrés ou déportés) et sur les condamnés pouvaient être rangés en trois catégories.

Les uns, pour n'avoir pas été vendus, devaient être restitués, en vertu de la loi du 5 décembre 1814, aux anciens propriétaires ou à leurs héritiers. Que la restitution fût accomplie en 1825, ou que diverses circonstances l'eussent retardée, les anciens propriétaires n'avaient évidemment aucune indemnité à réclamer. L'État lui-même ne s'intéressait à ces biens que pour préciser leur situation, afin d'éviter de payer une indemnité à des propriétaires qui avaient été dépouillés, mais qui ne l'étaient plus, ou qui ne le seraient plus le lendemain. Des demandes frauduleuses auraient pu en effet se produire sans la vigilance de l'Administration à cet égard.

Une seconde catégorie, infiniment plus nombreuse, à laquelle, à proprement parler, la loi était destinée, comprenait les biens définitivement aliénés, pour lesquels l'indemnité était due.

Enfin, il était des biens qui, vendus par l'État, avaient été rachetés par les émigrés ou par leurs parents. Plus ou moins rapidement, à titre gracieux ou à titre onéreux, mais, en tout cas, sans que ce fût l'État qui eût restitué, l'ancien propriétaire avait donc recouvré sa terre ou sa maison. Il eût été injuste d'accorder à ceux qui avaient recouvré leur bien moyennant une somme modique, peut-être même gratuitement, le même dédommagement qu'à ceux qui demeuraient spoliés. Pour appliquer le mode de calcul prescrit pour les biens rachetés, il fallut étudier attentivement tous les cas où l'émigré avait retrouvé sa propriété. Nous ferons servir ce recensement à une courte étude des divers modes de rachat pratiqués par les émigrés ou par leur famille.

L'article 4 de la loi d'indemnité votée le 23 avril 1825 et promulguée le 27 stipulait des dispositions spéciales concernant les biens rachetés par l'ancien propriétaire ou par ses héritiers. Si ces biens avaient été acquis de l'État directement ou par personne interposée, l'indemnité serait égale à la valeur réelle payée à l'État. En cas de rachat à des tiers, l'indemnité serait égale à la somme versée, sans pouvoir dépasser la proportion observée pour les autres ventes.

Les ascendants et descendants de l'ancien propriétaire, sa femme, étaient réputés personnes interposées.

On peut donc distinguer trois sortes de rachats : le rachat direct par le dépossédé, le rachat fait à l'État par personne interposée et le rachat à des tiers, généralement postérieur aux années troublées de la Révolution. Un dépouillement attentif des bordereaux d'indemnité permet de distinguer ces diverses sortes de rachat.

Dans la Moselle, les rachats directs ont été très rares, une vingtaine au plus ; il est facile d'en comprendre la raison. Pour se porter acheteur de son propre bien, l'émigré devait assister à la vente. Il fallait donc qu'il ne fût plus banni. Mais il ne fallait pas non plus qu'il fût déjà amnistié, car on lui aurait rendu son bien gratis. Le rachat direct n'a donc guère eu lieu qu'à une époque tardive, sous le Directoire et au début du Consulat — à moins qu'il n'eût été le fruit de la complaisance, ce qui a pu se produire. Mais le rachat direct était possible de la part de l'ascendant dépossédé par présuccession, non proscrit par conséquent, mais dépouillé par avance de la part d'héritage qu'il aurait laissé à son fils émigré.

C'est ainsi, lors des partages de présuccession, qu'a eu lieu la majorité des rachats par personne interposée (1). Cette pratique a eu trop d'importance pour ne pas être rappelée en quelques mots. La loi du 28 mars 1793 avait frappé les émigrés de mort civile et avait confisqué tous leurs biens : toutes les successions échues aux émigrés depuis leur émigration, et toutes celles qui pourraient leur échoir pendant cinquante ans, à compter du jour de la publication de la loi, étaient déclarées appartenir à la République, sans que les héritiers pussent opposer à l'État la mort naturelle des émigrés (2). Il était interdit à tous ceux dont les émigrés étaient héritiers présomptifs en ligne directe, de faire aucune disposition de leurs biens, même de les vendre ou de les grever d'hypothèques.

(1) Il existe sur les partages de présuccession toute une littérature. On lira notamment la bonne discussion de A.-G.-G. BOUDET, *Défense des parents d'émigrés contre le fisc, pour l'intérêt véritable de la République ou Démonstration de la nécessité de révoquer la loi du 9 floréal an III, suivie de la Collection des lois et arrêtés relatifs à cette matière.* Paris, Rondonneau, an VIII, in-8º, 102 p.

« Quelle était donc, dit Lamartine, la logique étrange de cette révolution faite pour proclamer le dogme de la personnalité des fautes, de la non-hérédité des peines, et qui jetait à la porte de leurs foyers paternels des vieillards, des femmes, des enfants, en expiation du crime ou de l'erreur d'un époux, d'un fils ou d'un père. La nature n'était pas moins soulevée que la raison contre de tels sévices. » (*Histoire de la Restauration*, t. VIII, p. 36).

Une communication de M. Marion sur les partages de présuccession à la Société d'histoire du droit, est résumée dans la *Revue historique de droit français et étranger*, 1923, p. 327-329.

(2) Loi du 28 mars 1793, Titre I, section 2, articles 3-5.

Mais, malgré ces mesures draconiennes, les ressources n'affluaient pas assez vite dans les caisses de l'État, les successions étaient lentes à s'ouvrir, tandis que la régie et le séquestre entraînaient des frais énormes. L'indifférence des fermiers ou même du propriétaire entraînait la dépréciation croissante des biens dont l'État avait promis de s'emparer. C'est alors que la loi du 9 floréal an III vint ordonner l'ouverture immédiate des successions à échoir en ligne directe aux émigrés, l'État renonçant aux successions collatérales (1). Les parents d'émigrés devaient faire eux-mêmes la déclaration de leurs biens et en provoquer de leur vivant le partage de présuccession : ils abandonnaient à la République autant de portions qu'ils avaient d'enfants émigrés, l'ascendant demeurant compté pour une tête. La loi du 20 floréal an IV avait adouci cette législation presque inexécutable à cause des variations de la monnaie, en convertissant en simple faculté l'obligation imposée aux parents d'émigrés, mais la plupart des familles trouvant un sacrifice immédiat plus avantageux qu'une menace permanente avaient déjà traité avec la République.

Plus tard, il est vrai, le Gouvernement voulut revenir sur l'abandon des successions collatérales et prétendre obtenir une part des biens échus à la famille du dépossédé après le partage de présuccession. Le coup d'État de brumaire mit un terme à ces prétentions.

Un très grand nombre de partages avaient donc eu lieu et il semble qu'en général on ait procédé avec soin et conformément à la loi. Nous possédons, par exemple, pour la Moselle, une liste de 135 partages de présuccession, encore ne sommes-nous pas sûrs qu'elle soit complète (2).

L'Administration du département pouvait dresser un état général extrêmement précis de la fortune des ascen-

(1) Décret du 9 floréal an III « relatif à la levée du séquestre mis sur les biens de pères et mères d'émigrés. »

(2) A. D. Moselle Q. Répertoire manuscrit des partages de présuccession (non coté à l'époque où j'en ai pris copie).

dants qui provoquaient le partage, elle notait le nombre des successibles, l'actif résultant des meubles, des immeubles, des créances actives. Du total, on déduisait les dettes passives, un préciput uniforme de 20.000 francs pour l'ascendant. Du reste, on faisait deux parts, l'une pour les héritiers régnicoles, l'autre pour la République représentant l'héritier ou les héritiers émigrés.

Voici, par exemple, les chiffres principaux relatifs au partage de présuccesssion de M. de Verpy, par suite de l'émigration de son fils (1) :

Actif.

Actif mobilier.	2.709ᶠ »
Actif immobilier.	162.760 17
Créances actives	18.760 »
Total	184.229ᶠ 17

Déductions.

Dettes passives	30.000ᶠ »
Préciput de l'ascendant	20.000 »
Total	50.000ᶠ »
Restant à partager	134.229ᶠ 17
Revenant aux ascendants	67.114 l 18 s 6 d
Revenant à la République.	67.114 l 18 s 6 d

La somme fixée, l'État choisissait son lot : immeubles autant que possible, argent pour le surplus. Souvent la République vendait aussitôt sa part, et c'est alors que l'ascendant pouvait faire valoir son droit de préemption, reprendre, moyennant finances, le bien dont on venait de le

_____

(1) A. D. Moselle, Q. 469. Séquestre des biens des pères et mères d'émigrés.

dépouiller. Il arrivait aussi qu'un immeuble fût indivis entre le dépossédé et la République (1). Nul n'étant tenu de demeurer dans l'indivision, la Direction des Domaines faisait vendre l'immeuble. Dans ce cas, également, l'ancien propriétaire pouvait le racheter (2).

Ces acquisitions des ascendants dépossédés étaient si fréquentes qu'on peut presque considérer ces rachats comme le cas normal. Le partage de présuccession prend ainsi une signification, ou, si l'on préfère, un aspect particulier. Sans doute, on peut se représenter, comme l'ont fait tous ceux qui, par tant de bonnes raisons, ont combattu cette expropriation, l'État s'appropriant brutalement une part du domaine familial, s'asseyant au foyer du père de famille et réclamant l'héritage du fils prodigue. En fait, le partage de présuccession aboutissait plutôt à une sorte d'impôt sur le capital, impôt très lourd levé par l'État pour l'absence du descendant. Si le père dépossédé avait assez d'argent liquide, de valeurs mobilières, de créances à recouvrer, il pouvait aussitôt racheter la part dont on le privait : le domaine familial n'était pas entamé. C'est à la suite des partages de présuccession et des rachats effectués dans ces conditions que quantité d'ascendants ont prétendu, en 1825, à l'indemnité (3).

Les rachats par personnes interposées forment un autre groupe de rentrées en possession. Ils pouvaient poursuivre des buts variés. Tantôt il s'agissait simplement d'empêcher le morcellement du bien de famille, tantôt de préparer le retour du fugitif en instance de radiation. La suite de ces rachats n'est pas moins variée. Tantôt ils se terminent par

(1) Cf. Q. 487 (dossier individuel), Q. 468, déclar. des biens des pères et mères d'émigrés, etc. — Q. 498 (demande de Dosquet).

(2) Cf. A. D. Bas-Rhin, Q. « Pièces concernant les émigrés (inventaire, p. 85, n° 15). Collection d'affiches relatives aux partages de présuccession, an VII. »

(3) En Maine-et-Loire, les biens vendus seraient peusortis des familles sur lesquelles on les avait confisqués. La mise à profit des partages de présuccession pour rentrer dans les biens vendus fut un fait absolument courant (Cf. MARION, *La vente des biens nationaux*, p. 384, n. 2).

une rétrocession gratuite, tantôt par un arrangement de famille; parfois, ils n'aboutissent pas à la réintégration de l'ancien propriétaire. Ou bien la réintégration est de fait, non de droit : ainsi une femme divorcée pour cause d'émigration, a racheté les biens de son ancien mari. Si elle s'est remariée ensuite avec son premier époux, l'interposition est flagrante, et pourtant l'émigré n'est pas légalement rentré en possession s'il n'est pas, avec sa femme, commun en biens.

Il est même des cas plus complexes. Parfois une personne présumée interposée a racheté un bien, puis, découragée par la tournure des événements, l'a revendu à un tiers. L'émigré rentré a lui-même racheté à ce tiers, il n'a donc pas profité de l'interposition. Il faut pénétrer à la suite des fonctionnaires des domaines ou des conseillers de préfecture dans l'intimité des familles, pour avoir quelque idée de la singulière complexité de ces questions.

Les dépossédés ont eu toutes les ruses, toutes les chances et toutes les malchances, et le sort de quelque domaine, vendu, racheté, revendiqué, revendu, restitué, évoque l'idée d'un navire en perdition chassé par les vents contraires, et qui finit, contre tout espoir, par rentrer au port. Encore ne sait-on pas toujours toute la vérité et nous souhaiterions souvent plus explicites les documents.

Quelques exemples choisis dans le département de la Moselle donneront une idée de ces différentes situations.

Dans le partage de présuccession, on vient de le voir, le rachat par les père et mère est chose courante. Ainsi les parents de Jobal, dont deux fils ont émigré, rachètent le 25 germinal an VI, un corps de ferme à Pagny-lès-Goin (1). Paul Séchehaye, père d'émigré, rachète le 23 ventôse an VI une part étendue des biens dont son fils a été dépossédé, et en 1825, Nicolas Séchehaye, fils de l'émigré, est

______

(1) A. D. Moselle, Q. 504, n° 15.

rentré en possession, quand l'État veut l'indemniser de ce qu'il n'a pas récupéré et des sommes que son aïeul avait déboursées (1). Paul François rachète le 21 germinal an VI le bien de Gravelotte, dont on l'a privé pour l'émigration de ses trois fils (2). Les parents des émigrés Pion rachètent à Charleville et à Volmerange les immeubles abandonnés par eux pour la part des absents (3). M. Dosquet rachète la part de son fils (4) et M. de Vandale la moitié d'une ferme à Génaville, vendue pour l'émigration du sien (5). Lors de l'émigration de Gabriel-Joseph de Beaulieu, ses père et mère rachètent directement de l'État le bien de Longeville-lès-Metz, mais abandonnent à la République celui d'Ancy-sur-Moselle, dont elle s'est aussi emparée par présuccession (6). D.-C.-Martin Delorme ayant émigré, son père Charles-Amédée rachète, moyennant 209.000 francs en assignats, la totalité des biens dont on l'a privé. Comme Martin Delorme meurt célibataire à l'île de Sainte-Lucie en 1796, ses frères et sœurs recevront une indemnité basée sur la valeur de cette somme au jour du rachat (7).

En dehors des cas de partage de présuccession, rares sont les cas de rachat par les ascendants. On cite cependant quelques mères qui ont racheté les biens de leurs enfants (8).

---

(1) A. D. Moselle, Q. 504, n° 20.
(2) A. D. Moselle. Q. 504, n° 22.
(3) A. D. Moselle, Q. 504, n° 52.
(4) A. D. Moselle, Q. 504, n° 75.
(5) A. D. Moselle, Q. 504, n° 86.
(6) A. D. Moselle, Q. 506, n° 514.

(7) A. D. Moselle, Q. 505, n° 170. Autres exemples : famille Henry (Q. 505, n° 194); famille Sthême de Jubécourt (Q. 505, n° 206). — F.-L. Valentin Robin ayant émigré, son père soumissionne moyennant 58.600 francs les biens qu'on lui enlève (11 therm. an IV). Bien qu'aucun acte de vente n'ait ratifié cette soumission, il est considéré en 1825 comme acquéreur direct (Q. 506, n° 358); la mère de Pierre Thomas demeurant à Vitry, fait de même (Q. 507, n° 436), etc.

(8) Mme Brigeat de Lambert de Résicourt ayant émigré, ses biens de Rurange furent séquestrés et vendus le 5 germinal an VI. Sa mère les racheta directement de l'État et les revendit ensuite en détail. Finalement, l'émigré est rentré, le 9 mai 1815, dans une partie de ses anciens biens. Il fallut d'ailleurs une ventilation pour éclaircir le sort des diverses parcelles. Ce fut le cas général quand il s'agit de bois

Non moins rares sont les rachats par les descendants de l'ancien propriétaire, du vivant de celui-ci. L'émigration, en effet, a commencé par les jeunes gens et on ne cite guère de pères émigrés dont les enfants majeurs soient restés en France. Si le cas s'est produit, c'est l'indice de la désunion qui régnait dans la famille. On ne s'attendra donc point à voir les enfants républicoles de se dévouer pour sauvegarder les biens paternels. D'ailleurs, si l'émigration a commencé par les enfants pour se continuer par les pères, ce sont les parents qui, en général, sont plus riches que leurs enfants. Les descendants devaient souvent manquer d'argent pour racheter et ils ont laissé passer l'occasion d'un rachat immédiat. Cependant Lucie-Adelaïde Henry, femme Cossette, ayant émigré, son fils Casimir rachète les biens vendus par présuccession sur dame Marie Lansuriaux, veuve Henry, sa grand'mère (1). Le fils de Nicolas-François Berteaux racheta aussi une partie des biens vendus sur son père (2). Le marquis de Villers, émigré en même temps que sa femme, a vu son fils racheter en 1803 une partie des propriétés vendues sur son père, non encore décédé à cette date (3).

Quand Jean-Népomucène Lallemand a été condamné à mort, et exécuté le 19 messidor an II, aucune mesure conservatrice n'avait encore été prise à l'égard des familles des condamnés. Les biens de Lallemand furent donc vendus et son fils Pierre en acheta directement une partie moyennant 43.975 francs. Le total de la vente avait produit 178.200 francs. Un des acquéreurs ayant été dans la suite déchu de son adjudication, le fils Lallemand fut

dont le bornage et la nomenclature pouvaient entraîner toutes sortes de confusions (A. D. Moselle, Q. 505, n° 172). — Nicolas Stéphany a émigré. Les deux frères Le Batteux sont ses légataires universels. Leur mère rachète directement de l'État le 8 prairial an II la maison située à Thionville, vendue sur l'émigré.

(1) Partage du 11 nivôse an VII. A. D. Moselle, Q. 506, n° 334.

(2) A. D. Moselle, Q. 504, n° 26. Berteaux père était le futur secrétaire général de la préfecture de la Moselle. Son fils était J.-B.-Antoine.

(3) A. D. Moselle, Q. 506, n° 352.

gratuitement renvoyé en possession d'après le décret du 14 floréal an III. Il fut donc indemnisé d'après l'article IV de la loi de 1825 pour ses rachats et dans les conditions ordinaires (art. II) pour ceux dans lesquels il n'était pas rentré (1).

La femme de l'ancien propriétaire était aussi réputée personne interposée. Il est exceptionnel qu'elle ait racheté dans le cas de partage de présuccession, puisque ou bien elle était la femme de l'ascendant, c'est-à-dire qu'on déclarait sa succession ouverte, en même temps que celle de son mari, ou bien elle était femme de l'émigré, et alors elle n'avait pas d'intérêt direct à empêcher la dépossession de ses beaux-parents (2). Dans le cas d'une dépossession simple, la femme du dépossédé se porte au contraire fréquemment acquéreur. Ainsi font, à l'égard de leurs maris, Sabine Keller, femme de Jean-François-Constant Latourelle (3), Marie Bruyer, mère de cinq enfants, femme de Nicolas Maurice, émigré (4), Catherine Vilbois, femme de Jean-Nicolas Kitzinger, de Sierck (5), etc... (6).

(1) A. D. Moselle, Q. 504, n° 74.

(2) Si ce sont ses parents qui ont été dépossédés, il est évident qu'elle rachète comme fille, et non comme femme d'émigré.

(3) A. D. Moselle, Q. 504, n° 23.

(4) A. D. Moselle, Q. 505, n° 271. Elle se rendit adjudicataire de tout ce qui provenait de la communauté et demanda à ne payer que la moitié du prix de son acquisition « pour être remplie par là de ses droits à la moitié de la communauté ». Cette demande fut accueillie.

(5) A. D. Moselle, Q. 504, n° 71. Le rachat avait eu lieu moyennant 1.437ᶠ 50, somme qui paraît assez nettement inférieure à la valeur des biens. Lors de la liquidation de l'indemnité, Catherine prétendit que son mari n'était point rentré dans ces biens rachetés : c'était son intérêt, car si l'interposition n'était pas admise, l'indemnité allait être fixée à un taux supérieur. Il lui fut répondu que la loi était formelle : la femme non divorcée était réputée personne interposée, le mari restant chef de la communauté. Donc, elle ne devait rentrer que dans les sommes par elle déboursées; toute somme en sus eût constitué un bénéfice, et la loi n'en accordait point.

(6) Autres exemples de rachat par la femme : l'épouse de Louis-Alexandre Dattel, adjudicataire le 12 fructidor an IV des biens de son mari, rachetait en outre à l'acquéreur primitif, le 30 novembre 1811, le bien vendu le 8 thermidor an VI. Ce rachat était particulièrement onéreux. La vente de l'an VI était basée sur un revenu de 90 fr. (× 18 = 1.620 francs). Or, Mᵐᵉ Dattel avait racheté ce bien 2.771ᶠ 49. Elle ne toucha cependant que 1.620 francs, le prix du rachat excédant le prix de la vente (Q. 504, n° 105); — la femme de Pierre (Denis-Antoine) (Q. 504, n° 123); Charlotte Watry, femme Elminger, deux rachats (Q. 505, n° 155); Émilie Turlure de Vellecourt,

Souvent aussi une autre catégorie de parents racheta une partie importante des biens des dépossédés : ce furent leurs frères et sœurs. La loi, qui ne les nommait pas parmi les personnes interposées, avait-elle entendu donner une énumération limitative? On ne le pensa point, avec raison : le retour du bien, des mains d'un de ses parents, acquéreur, dans celles de l'émigré, présumait l'interposition. Frères et sœurs furent donc considérés comme personnes interposées.

Assez fréquente fut surtout l'interposition des sœurs, lors des partages de présuccession : les frères étaient à l'armée des princes, les vieux parents étaient dépouillés; les sœurs rachetaient. On voit ainsi chez les Durand d'Aunoux, Françoise-Nicolle, sœur de l'émigré, racheter le bien de Marsilly, échu à l'État (1); chez les de Vellecourt, Anne-Marguerite, veuve de Gargan, sœur de Charles, émigré, racheter le 14 fructidor an VI la maison sise à Thionville dont l'État s'est emparé (2).

Très souvent, dans les ventes ordinaires, la sœur ou le frère du proscrit rachète ses biens, dans le but évident de les lui rendre quelque jour. Ainsi font Anne-Catherine-Mary, pour plusieurs portions de biens (3), Thérèse Wacquant (4), Catherine et Agnès Baltus (5) et bien d'autres (6).

Voici maintenant les frères qui s'interposent : les biens

rachat le 16 thermidor an X d'une partie des biens de son mari. Bien qu'elle soit séparée de biens d'avec son mari, l'interposition reste présumée (Q. 505, n° 158) Marie-Thérèse Gaude, femme d'Hunolstein (Q. 505, n° 231); Anna Favet, femme de Jean Munier (Q. 505, n° 258); Barbe Christine de Limosin Dalheim, femme du baron Jean-Philippe O'More (Q. 505, n° 278); de Spon (Q. 506, n° 313), etc., etc.

(1) A. D. Moselle, Q. 504, n° 29.

(2) A. D. Moselle, Q. 504, n° 99, même cas : Françoise-Marie Thirion, sœur de deux émigrés, rachète au nom de ses parents, le 25 germinal an VI, le domaine de Saulny, vendu par présuccession (A. D. Moselle, Q. 169).

(3) A. D. Moselle, Q. 504, n° 97.

(4) A. D. Moselle, Q. 505, n° 162.

(5) A. D. Moselle, Q. 505, n° 266.

(6) Exemple : une sœur et une parente du chanoine Gabriel Simon (Q. 505, n° 280); Jeanne Fendt, sœur de Jean-Nicolas Fendt, vicaire à Thionville, condamné, acquiert la totalité des biens patrimoniaux vendus sur son frère et les vend d'ailleurs avant de mourir, ainsi que son mari, dans une indigence absolue (Q. 506, n° 384); Le Secq de Crépy (Q. 505, n° 186).

de Jean Bassompierre, prêtre, sont rachetés par Pierre, l'un de ses quatre frères, le 14 pluviôse an VI (1). C'est aussi un des frères de Jean-Raymond Lauvray qui rachète ses biens le 10 pluviôse an V, tant à son profit personnel qu'à celui de ses cohéritiers, et le montant de cette acquisition est « soldé au moyen d'une cotisation en famille » (2). Ce genre d'interposition est assez fréquent au bénéfice des ecclésiastiques déportés : leur départ était involontaire, on ne s'étonne pas de voir leur famille, notamment leurs frères et sœurs, venir à leur secours (3). Parfois aussi c'est l'indivision du bien vendu qui explique les efforts des collatéraux. Les héritiers de Jean-Claude Casidanius délèguent l'un d'eux pour racheter les biens de leur frère et oncle. C'est que la maison, dont l'émigré ne possédait qu'un cinquième, était indivise entre ses frères et sœurs; d'ailleurs la date tardive de la vente (16 mars 1813) a facilité cette entente (4).

Ascendants, descendants, époux, frères et sœurs, telles sont les personnes dont l'interposition est la plus fréquente. Mais on rencontre encore bien d'autres acquéreurs interposés entre l'État et l'ancien propriétaire. Les uns se sont associés, c'est le rachat collectif d'une mère et d'une sœur (5),

(1) A. D. Moselle, Q. 505, n° 175.

(2) A. D. Moselle, Q. 505, n° 177.

(3) Autre exemple : Louis Meyer, frère de Jean Meyer, prêtre, rachat direct de l'État, 5 messidor an IV (Q. 505, n° 188); un frère de Joseph Stab de Hottweiller (Q. 505, n° 201); Jean et Antoine, frères de Jacques Hippert, curé d'Œutrange (Q. 505, n° 253).

(4) A. D. Moselle, Q. 505, n° 245.

(5) Le Goux de Neuvry. Il ne s'agit d'ailleurs que d'une faible partie des biens dont l'État a disposé (A. D. Moselle, Q. 504, n° 38). Autre exemple : Mme veuve de Maud'huy, mère de deux émigrés, s'est rendu acquéreur des bois situés à Courcelles-Chaussy et échus à l'État par le partage de présuccession du 2 messidor an VI. La sœur des émigrés, Charlotte-Louise-Monique, a soumissionné de son côté le bien de Charly qui se trouvait dans le même cas, sans que cette soumission soit suivie d'un acte de vente. Le directeur des domaines n'admettait l'interposition que pour Courcelles et niait même la dépossession du bien de Charly. Le Conseil de préfecture déclara que Mme de Maud'huy ayant versé la moitié de la soumission, devait être considérée comme légitime propriétaire, mais qu'elle ne pouvait être déclarée personne interposée, puisque l'immeuble en question avait été revendu par acte public le 8 pluviôse an VII avant la rentrée en France des deux émigrés (A. D. Moselle, Q. 506, n° 303).

de deux cohéritiers au profit de la masse (1). Ici c'est un beau-frère qui s'interpose en faveur du dépossédé : lors de la vente des biens de Georges Le Secq de Crépy, son beau-frère Jean-Charles Lambert, ex-conseiller à la Cour royale de Metz, rachète une partie des biens. Il les restitue plus tard à l'émigré, gratuitement peut-être, car celui-ci ne peut produire aucun contrat de rétrocession. Par suite, Le Secq n'a droit en 1825 qu'au remboursement des sommes versées au Trésor par l'acquéreur interposé (2).

Là c'est une belle-sœur qui poursuit avec persévérance (3) le remembrement des biens de ses beaux-frères : Marie-Élisabeth de Jaubert rachète directement de l'État les biens vendus sur Louis et Ferdinand de Jaubert. Ensuite elle rachète à différents tiers le bien d'Uckange morcelé (4).

Les biens de Jean-Nicolas Houllé, curé de Saint-Avold, sont rachetés par un de ses neveux, qui les lui restitue lors de sa rentrée en France. Ici encore la rétrocession paraît gratuite. La clandestinité de ces rétrocessions avait évidemment pour but d'éviter des droits de mutation, et le fisc ne semble pas y avoir regardé de très près. Ainsi, dans l'exemple précédent, l'indemnité fut fixée d'après le prix

(1) Partage de présuccession consécutif à l'émigration de François-Joseph Devaulx. Deux de ses héritières, toutes deux femmes divorcées, rachètent au profit de la masse des cohéritiers la part vendue (A. D. Moselle, Q. 507, n° 462).

(2) A. D. Moselle. Q. 504, n° 21. Même cas, Fagon, acquéreur des biens de son beau-frère Jean-François Génin, auquel il les rétrocède ensuite. Là aussi le contrat ne peut être présenté (Q. 506, n° 291). H. L. de Belchamp rachète les biens de son beau-frère C.-P. de Pichon (Q. 505, n° 160).

(3) Bien entendu, plus la vente avait morcelé le domaine et plus il était difficile d'en racheter une notable partie. Or il y eut des morcellements qui aboutissaient à un émiettement extraordinaire. J'ai cité dans mon travail sur la *Restauration et les biens des émigrés*, t. II, p. 95, la vente de parcelles dont le revenu était estimé vingt centimes, voire un sou et même deux et un centime! Il s'agissait des Ardennes, mais, dans les Vosges, par exemple, il y eut aussi des démembrements en parcelles extrêmement menues. Par exemple, les biens de Bernay de Favancourt, lieutenant-colonel au régiment de Custines-dragons, émigré et père d'émigrés, à Mandres, furent vendus en 97 parcelles, souvent fauchée par fauchée, deux jours par deux jours. Les 169 parcelles aliénées au détriment du comte Bourcier de Villers n'ont produit, au cours, que 54.364ᶠ 52 (A. D. Vosges, 11, Q. 67). Sur Bernay de Favancourt, voir E. Froment, *État des propriétés de la commune de Mandres-sur-Vair avant la Révolution* (*La Révolution dans les Vosges*, 12ᵉ année, 14 juillet 1923, p. 1-12), p. 5.

(4) A. D. Moselle, Q. 506, n° 305.

du rachat fait par le neveu, comme s'il n'y avait pas eu interposition et rentrée en possession (1). Les dames André, Mory et Violet rachètent directement de l'État une partie des biens de Daniel-Henry Tinot, émigré, leur oncle et grand-oncle (2).

Parfois, cependant, l'interposition était discutable. La loi, comme le Code civil, laissait à l'Administration le soin de prouver l'interposition par des faits positifs, et elle s'y efforçait. Si quelquefois elle avait à combattre la présomption d'interposition (3), le plus souvent, en effet, c'étaient les réclamants qui s'efforçaient de la nier, car ils n'avaient pas avantage à l'invoquer dans la liquidation de l'indemnité. Jusqu'en 1825, les familles d'émigrés avaient pu se féliciter du dévouement des parents qui avaient au prix de quelques sacrifices, maintenu ou reconstitué le patrimoine familial. A partir de cette date, les bonnes et les mauvaises chances se sont en quelque sorte compensées ; et les émigrés qui avaient profité d'interpositions se sont même trouvés défavorisés.

Supposons deux émigrés sur lesquels on avait confisqué et vendu des biens d'un revenu rigoureusement égal. L'un des deux proscrits n'est point rentré dans ses biens : il recevra en 1825 une indemnité sensiblement égale à leur valeur. L'autre a bénéficié d'une interposition et le domaine confisqué est revenu en ses mains au prix d'une somme minime. S'il a pu jusqu'alors s'en réjouir, la très faible indemnité qui lui sera accordée lui fera peut-être regretter son bonheur. Il pourra pourtant se consoler en supputant

(1) A. D. Moselle, Q. 504, n° 64.
(2) A. D. Moselle, Q. 506, n° 504.
(3) Exemple : Antoinette-Victoire Bernard, femme de Joseph-Casimir Daubrée, divorcée le 26 frimaire an III, a racheté les biens vendus sur son mari, mais ce rachat étant postérieur à son divorce, l'interposition n'est pas admise. D'ailleurs, à une exception près, les biens qu'elle a rachetés ne sont pas revenus aux mains de l'ancien propriétaire (A. D. Moselle, Q. 505, n° 348). Cas analogue de Mme de Spon, divorcée le 10 brumaire an II, acquéreur le 9 pluviôse suivant, encore en possession en 1825 (Q. 505. n° 313).

les revenus de son domaine depuis le jour où il l'a retrouvé : L'autre émigré n'a point connu ces profits. Mais si le domaine, dégradé sous l'administration du séquestre, n'avait plus, lors du rachat, une valeur supérieure au prix modique dont on l'a payé ; si l'émigré n'a recherché que par piété une terre semée de ronces ou d'ivraie, à laquelle restaient seuls attachés de chers souvenirs, l'acquéreur pourra alors regretter de s'être acharné à la reconquête du domaine déchu, d'avoir conclu un contrat dont l'apparence seule était avantageuse, ruinant ainsi, sans le savoir, l'espoir qu'il pouvait nourrir d'une indemnité convenable. N'aurait-il pas mieux valu se priver encore du domaine durant quelques années, et recevoir une indemnité peut-être trois ou quatre fois plus élevée (1) ?

Il était enfin une circonstance qui détruisait radicalement l'hypothèse de l'interposition : c'était lorsque, malgré le rachat de ses biens par un de ses parents, l'émigré dépossédé, ou ses héritiers, n'était pas rentré dans ses biens. Le cas s'est produit une demi-douzaine de fois dans la Moselle. Il n'est pas possible de dire si cette circonstance est due au manque d'entente dans le sein de la famille ou à toute autre cause fortuite. Le 2 vendémiaire an V, par exemple, on vend les biens de Jean-Louis-Nicolas Petry, prêtre desservant à Saint-Maximin. Ses sœurs en rachètent la totalité à Metz, Colligny, Pange et Fontigny, mais elles les conservent et l'abbé Petry ne les récupère point (2). Les sœurs de J.-F.-E. Le Duchat de Rurange ont agi de même à l'égard du bien de leur frère ; elles ont racheté directement

(1) Il ne peut être question d'étudier ici l'étendue ni la valeur des biens rachetés, D'une étude sommaire résulte que dans la Moselle et d'une façon générale, ces rachats : 1° ont été très fragmentaires, très incomplets ; 2° n'ont pas coûté très cher. Deux exemples seulement : Des biens de C.-N.-L. Huyn à Jouaville et Vernéville (valeur de l'indemnité : 28.909 francs), la famille n'a retrouvé que cinq jours trois quarts de prés et un demi-jour de terre ; les héritiers de Maringer (capital de l'indemnité : 31.577 francs) n'ont récupéré qu'une petite vigne à Haute-Kontz (A. D. Moselle, Q. 504, nᵒˢ 46 et 47).

(2) A. D. Moselle, Q. 504, nᵒ 59.

de l'État des biens de Hayes et de Lue, le huitième de celui de Borny et de Grigy, mais elles en ont joui jusqu'au moment de leur décès, si bien que l'indemnité de leur nièce fut liquidée d'après l'article II et non d'après l'article V (1). Joseph Jacminot n'a jamais retrouvé non plus, ni directement, ni indirectement, ses biens vendus et rachetés pourtant par sa sœur Françoise-Victoire (2). Mais, somme toute, ces cas demeurèrent exceptionnels, ce qui prouve bien que l'interposé n'obéissait pas à des mobiles personnels, mais servait en général les intérêts du dépossédé au nom duquel il rachetait (3).

La dernière catégorie est celle des rachats faits à des tiers : Le calcul du prix de ce rachat n'était pas toujours très facile. En effet, l'émigré qui rachetait étant souvent à court d'argent, les clauses étaient très diverses (paiement en argent, en nature, remise de loyer, prorogation de bail, etc.), la Commission d'indemnité et surtout le Conseil d'État se montrèrent équitables en considérant que le prix du rachat comprenait toutes ces valeurs différentes. Ainsi le prix des années de loyer abandonnées à l'acquéreur primitif par l'émigré qui lui rachetait son bien dut être ajouté au prix du rachat pour le calcul de l'indemnité (4).

Deux filles d'un émigré ardennais, Durey de Noinville avaient racheté les biens paternels au sieur et à la dame Cortehoux acquéreurs, moyennant :

1° Une somme de 16.000 francs dont l'acte de rachat du 6 septembre 1802 portait quittance ;

---

(1) A. D. Moselle, Q. 504, n° 89.

(2) A. D. Moselle, Q. 506, n° 322.

(3) Certaines interpositions ont eu pour but non l'intérêt personnel de l'émigré dépossédé, mais celui de ses héritiers. Ainsi, après l'émigration de Marie-Charlotte de Cheppe, veuve de Jean-Arnould de Blair, son père, M. de Cheppe a racheté les 5 vendémiaire an V et 21 germinal an VI les biens de sa fille, les destinant à ses petits-enfants, Émile et Louise Martin de Julvécourt (A. D. Moselle, Q. 505, n° 192).

(4) Ordonnance royale du 12 décembre 1827 (NAYLIES, *Jurisprudence administrative*, t. II, n° 247, p. 513-516, deuxième question).

2º L'abandon pendant cinq ans de la jouissance entière (ans XI-XV);

3º L'abandon pendant vingt-sept ans d'une partie de la jouissance sous forme d'un bail conclu en germinal an XVI au prix de 1.500 francs par an, à charge de payer la contribution foncière s'élevant à 600 francs. La Commission d'indemnité avait jugé que toutes ces valeurs devaient être appréciées et entrer dans le compte de l'indemnité. Le ministre interjeta appel et le Conseil d'État donna raison à la Commission (1).

Il devait enfin se présenter quelques cas où la rétrocession par un tiers à l'ancien propriétaire ayant été gratuite, il n'était dû aucune indemnité. Dans ce cas, l'émigré, ne pouvant présenter la moindre quittance de paiement, n'avait évidemment aucune qualité pour se pourvoir. S'il le tentait cependant et s'il était constaté qu'il avait recouvré son bien, il était déchu. S'il y avait présomption sérieuse que la rétrocession avait été onéreuse, sans que l'acte eût été conservé, on réglait l'indemnité comme si la rentrée en possession n'avait pas eu lieu, donc suivant l'article II et non l'article IV. L'émigré, qui ne présentait pas de quittance risquant d'être débouté, les anciens propriétaires faisaient tous leurs efforts pour présenter des pièces en règle. Ces pièces risquaient-elles d'être fausses ? La fraude était fort difficile, car elle supposait entre l'acquéreur national et l'ancien propriétaire devenu acquéreur à son tour une connivence qui était loin d'être générale. D'ailleurs l'État s'était habilement protégé contre les abus de cette sorte par la disposition que nous avons citée : l'indemnité pour rachat ne pouvait dans aucun cas dépasser la somme allouée par l'État pour les autres ventes, c'est-à-dire dix-huit fois le revenu de 1790 ou la somme encaissée par le Trésor lors de la première aliénation.

(1) Ordonnance royale du 27 août 1828 (Naylies, *op. cit.*, t. III, nº 353, p. 433-437).

Les clauses, insérées dans la loi d'indemnité, qui concernaient les rachats des émigrés ou des personnes interposées, ont donc eu de fréquentes applications, plus avantageuses à l'État qui, grâce à elles, a diminué quelque peu son sacrifice financier, qu'aux anciens propriétaires. Ceux-ci n'avaient pas à incriminer l'attitude du Gouvernement, habile sans doute, mais évidemment équitable; ils ne l'ont pas fait. Rentrés dans leurs biens à plus ou moins bon compte, ces émigrés comptaient malgré tout parmi les favorisés. Leurs rachats ont d'ailleurs été plus avantageux à l'origine que sous l'Empire et la Restauration (1). A défaut d'autre facteur, la valeur de la terre n'a pas cessé d'augmenter et c'est sans doute la raison principale pour laquelle le prix des rachats tardifs excédait régulièrement la somme fixée par la loi d'indemnité (2). L'État agissait sagement en ne s'engageant point à rembourser, dans tous les cas, la valeur du rachat, car il n'avait pas à favoriser ceux des anciens propriétaires, privilégiés en somme, qui étaient rentrés en jouissance de leurs biens.

CONCLUSION.

Les rachats des biens des émigrés par les anciens pro-

(1) Il y eut des rentrées en possession très tardives, postérieures même à la loi de 1825, soit par rachat, soit par héritage. En voici un exemple : Michel le Mouton de Boisdeffre, demeurant à Alençon, dont la commission d'indemnité avait fixé les droits le 16 février 1827, était rentré en possession, postérieurement à la loi du 27 avril 1825, d'une maison sise à Alençon, par donation testamentaire que lui fit sa sœur Henriette, celle-ci l'ayant rachetée de l'État en l'an IV. (Demande d'indemnité nº 213 du département de l'Orne.) L'indemnité avait été réglée comme s'il y avait eu interposition. M. de Boisdeffre se pourvut en Conseil d'État et une ordonnance royale du 20 février 1828 cassa la décision en déclarant que l'indemnité devait être réglée d'après les qualités fixées et les droits acquis à l'époque de la publication de la loi d'indemnité : en 1825, l'émigré n'avait pas recouvré son bien, donc l'interposition n'existait pas (NAYLIES, *Jurisprudence administrative*, t. III, nº 268, p. 72-74.)

(2) Bien entendu, il ne faut pas généraliser et il y a eu, à toutes les époques, des transactions onéreuses : Nicolas Krémer et Jeanne Goery ayant émigré, leurs biens ont été vendus le 18 floréal an II à un sieur Verdet. Les deux émigrés meurent. Le 25 brumaire an V, Verdet rétrocède son acquisition à sept des héritiers Goery, leurs enfants, moyennant paiement, à la caisse des Domaines, du montant de son acquisition, plus, entre ses mains, une somme de 654 francs *en or*. Le bénéfice du vendeur était coquet, car la valeur du bien vendu n'atteignait pas 3.000 francs (A. D. Moselle, Q. 507, nº 403).

priétaires ou par leurs représentants sont en général mal
connus. On les confond parfois avec les restitutions offi-
cielles et légales, dont ils diffèrent entièrement. Ces rachats
qui intéressent à un degré qu'il est superflu de souligner
l'avenir des biens nationaux, ne peuvent guère être étu-
diés, dans leur généralité, qu'à la lumière de l'indemnité
de 1825. C'est le point que j'ai voulu souligner.

Ces rachats ont revêtu les formes les plus diverses : les
plus nombreux dans la Moselle furent ceux dont les partages de présuccession furent le prétexte. Viennent ensuite
les rachats effectués par les membres de la famille du proscrit. Quant aux acquisitions faites à des tiers par l'émigré
rentré, elles sont assez rares dans le département. Cette
dernière constatation n'a qu'une valeur locale : dans les
régions, telles le Nord-Ouest, où le sort des acquéreurs
demeura précaire, rachats et rétrocessions furent plus nombreux.

Il est à noter enfin que de cette dernière catégorie de
rachats, il a pu se présenter des exemples au delà de la période, close à la fin de 1832, sur laquelle nous renseigne la
comptabilité de l'indemnité. A ces divers points de vue, le
département de la Meuse présenterait, il m'a semblé, les
mêmes particularités que celui de la Moselle : en particulier les rachats des anciens propriétaires y ont été peu nombreux, et si, dans le canton de Fresnes-en-Woëvre, par
exemple, certains grands domaines se sont reconstitués,
c'est dans d'autres mains que celles des anciennes familles.
C'est la richesse industrielle qui est venue consolider ici,
par l'achat de la terre, les bénéfices rapides que le sous-sol
et l'usine lui avaient procurés à quelque distance. L'acquéreur national, longtemps gêné faute de capitaux, lorsqu'il
n'a pas été forcé de revendre au nouveau grand propriétaire, a dû hypothéquer ses terres pour un siècle. On peut
dire, à ce point de vue, que c'est seulement la dernière
guerre qui, dans ce canton, a permis au petit propriétaire,

arrière-petit-fils d'acquéreur, de s'affranchir, qui lui permit enfin de libérer son champ, de le *patrimonialiser*.

Je m'excuse, Messieurs, du caractère particulièrement aride, insipide même, de cette communication. Il est des régions d'ailleurs où l'historien semble condamné à parler bas, où les événements d'hier paraissent écraser tout le passé. En est-il où ce sentiment de vanité, d'anéantissement, soit plus profond qu'au pied de ces collines qui, si longtemps, tressaillirent du martèlement de l'épopée? dans le cercle de cet horizon où s'étend maintenant la plainte du bourdon de Douaumont?...

Pour moi, Verdun m'apparaîtra toujours telle que je l'aperçus, il y a douze ans, par un crépuscule d'hiver, au terme d'une longue étape, les deux tours de votre cathédrale dressées dans le ciel gris comme un appel muet auquel, après tant d'autres, nous venions répondre. Le souvenir de ceux qui franchirent la crête de Belleville, ce seuil d'un autre monde, pour ne plus jamais la repasser, demeure et domine ici toutes les présences vivantes. Honneur donc à ceux qui restent, suivant la forte parole de Barrès, « dans la tombe, les gardiens et les régulateurs de la Cité... »

André GAIN.

LES

PLAINTES CONTRE LE CLERGÉ RURAL

EN MOSELLE

SOUS LE CONSULAT ET L'EMPIRE

———

La série V des Archives de la Moselle conserve neuf liasses de plaintes contre le clergé. De 1802 à 1870, plus de 500 cas ont été soumis à l'examen du préfet. Il ne s'agit nullement d'un mouvement anticlérical, mais de conflits d'autorité entre le maire et le desservant, de plaintes contre des prêtres dont l'irascibilité froisse les habitants, dont la rigide piété bouleverse les habitudes. Les conflits sont surtout fréquents en Lorraine allemande, particulièrement dans l'arrondissement de Sarreguemines, le plus religieux du département. Ces querelles locales seraient sans intérêt si elles n'avaient souvent entraîné d'insolubles différends entre l'évêque et le préfet, soutenant chacun leurs subordonnés. Je n'étudierai ici que les plaintes antérieures à 1815, réservant l'ensemble de la question pour un ouvrage que je prépare sur l'histoire de la Moselle de 1815 à 1870.

L'installation des nouveaux curés, après le Concordat, amena quelques incidents en juillet 1802. Le curé de Bouzonville ayant voulu bénir l'église, comme si le culte constitutionnel l'avait souillée, des troubles incitèrent le préfet Colchen à demander le déplacement de ce prêtre trop zélé. Aux premiers jours du Concordat, les évêques étaient tout disposés à donner satisfaction à l'autorité civile : deux jours plus tard, le curé était déplacé, et le vicaire général affirmait la volonté de Mgr Bienaimé d'éloignet tout homme turbulent, d'éviter toute dissension. A Thionville, le curé constitutionnel était populaire. Son successeur fut accueilli par les cris de « Chouan », « Émigré ». Le sous-préfet jugeait le mouvement inévitable, car « la très grande majorité a été offensée que Monsieur l'Évêque eût donné la victoire à une très faible minorité ». Mais l'ancien curé partit pour Metz en témoignant de son plein accord avec son successeur et l'agitation tomba.

Cet esprit d'obéissance ne fut point général. Le desservant de Lorry refusa de quitter sa paroisse, et l'évêque dut lancer l'interdit contre cette commune. Le maire de Sarrelibre signale les menées des hommes de 1793, aboyant comme des enragés contre le Gouvernement et le Concordat, soutenant l'ancien curé constitutionnel. Le sous-préfet trouva que la seule solution était de prier l'évêque de confier une paroisse à ce prêtre gênant. Le préfet s'empressa de suivre ce conseil et Mgr Bienaimé d'accéder à cette requête. Le desservant de Boustroff refusa d'obéir à un ordre de déplacement : il soutenait que le Concordat prévoyait le maintien des curés de l'Assemblée constituante, et dut être interdit. Le préfet demanda l'éloignement d'un prêtre qui, placé trop près de son ancienne paroisse d'Itterstroff, intriguait pour y revenir. L'ancien curé de Jouy-aux-Arches fut l'objet d'une mesure analogue. Si l'on cite enfin un conflit entre le curé de Faulquemont et un prêtre jureur, qui y résidait, on a épuisé la liste des rares difficultés que suscita, en 1802 et 1803, l'application du Concordat.

La reconnaissance de la validité des achats de biens nationaux amena quelques incidents. Le desservant de Montbronn traita de voleur un acquéreur de biens d'église, le menaça du refus des sacrements. Une plainte fut envoyée à Portalis, conseiller d'État chargé des Cultes, et le vicaire général se déclara prêt à déplacer ce vieux prêtre, à lui interdire même toute activité sacerdotale. Un pareil empressement à satisfaire l'autorité civile ne se retrouvera plus dans l'avenir. Il était d'ailleurs excessif, car l'enquête prouva que la plainte était mal fondée. Le maire de Fresnois découvrit dans un paquet, que lui avait confié le desservant, une brochure pleine de principes condamnés par le Concordat, refusant notamment l'absolution aux détenteurs de biens nationaux. Quoique cet opuscule datât de 1795, le préfet interdit à ce prêtre toute activité dans le département. En 1804, le desservant de Gross-Rederching fut déplacé pour avoir prêché contre les acquéreurs de biens nationaux. Le desservant d'Holving avait été jusqu'à qualifier le pape d'hérétique : c'est à ce propos qu'en avril 1803, le préfet Colchen signalait à Portalis les menées de plusieurs ecclésiastiques rentrés, surtout dans la région allemande, leurs déclarations contre le Concordat et la vente des biens nationaux. Le préfet en avait écrit à l'évêque dont la bonne volonté était certaine, comme le prouve sa lettre du 6 novembre 1802, mais dont l'influence ne suffisait pas à éviter le retour de ces incidents. Pourtant ce motif de plaintes semble disparaître après 1805. On ne retrouve de cas analogues qu'après la chute de l'Empire.

Dans les premières années de l'application du Concordat, des prêtres hostiles au Gouvernement sont parfois signalés au préfet. Par exemple, en juin 1803, l'évêque interdit le desservant de Siersthal qui, étant ivre, a interdit de chanter le *Domine salvam fac Rempublicam* et a traité le Premier Consul de « Spitzbub ». En ce cas, l'autorité ecclésiastique s'est montrée si empressée qu'elle a devancé l'action de Portalis qui, un mois après, fait envoyer par le Grand Juge ce prêtre en surveillance dans le département des Forêts. Sans énumérer tous les petits conflits des années 1803 à 1805, remarquons seulement la bonne volonté évidente de Mgr Bienaimé au début du Concordat : en janvier 1805, le préfet ayant demandé le déplacement du desservant de Bérus, le vicaire général le promet pour une date prochaine, dès que l'autorité épiscopale n'aura plus l'air de céder aux criailleries de village, à une dénonciation dont l'origine est le mécontentement d'un cabaretier, qui a vu sa clientèle disparaître après un vigoureux sermon contre l'ivrognerie.

On voit ainsi que tant que le préfet et l'évêque sont restés d'accord, aucun de ces conflits n'a dépassé les limites d'une paroisse. Le premier exemple de divergence entre les deux autorités se place en avril 1804. Le desservant d'Audun-le-Roman, Bastien, est accusé d'avoir qualifié le Premier Consul d'usurpateur, d'avoir refusé les sacrements aux sectateurs des prêtres constitutionnels et défendu à un cultivateur d'acquérir des biens nationaux. Le Grand Juge le fait interner au séminaire de Rimini, en Cisalpine. Il y est conduit par la gendarmerie, de brigade en brigade. L'évêque semble s'incliner et annonce son remplacement, mais il ajoute qu'il est affligé de la mesure prise contre « *un des meilleurs ecclésiastiques de tout le diocèse*, qui, coupable tout au plus d'une légère imprudence par le mouvement d'un zèle mal entendu, *n'a pas* mérité d'être traité avec une telle sévérité ». Le préfet s'étonne de voir présenter un prêtre hostile au Gouvernement comme un des meilleurs. En septembre 1804, Bastien n'est toujours pas remplacé, malgré l'apparente promesse de l'évêque. Le préfet demande alors à Portalis d'intervenir auprès de Mgr Bienaimé. Malgré un certificat du maire d'Audun et une lettre du vicaire général, Bastien fut maintenu éloigné du département. Colchen avait écrit au conseiller d'État chargé de la police générale qu'il ne croyait pas aux affirmations de l'évêque. Bastien n'avait-il pas écrit : « Je suis l'ami des lois, lorsqu'elles sont revêtues du caractère essentiel de la justice et qu'elles tendent au bien public, mais les hommes religieux ont pour principe que les lois humaines doivent toujours concorder avec les lois divines. » Combien était dangereuse une telle doctrine professée par un homme qui exerçait sur les femmes une emprise absolue, au point de les amener à menacer de séparation leurs maris, s'ils résistaient à ses volontés, au point de se faire considérer comme un saint. Ce premier conflit entre les deux autorités se reproduira bien souvent au XIXe siècle, et toujours la position de l'évêque et du préfet se retrouvera semblable. Mais en 1805, l'énergie administrative triomphait de la force d'inertie ecclésiastique avec une facilité qui ne se retrouvera pas dans l'avenir.

Les années 1806 à 1810, les premières de l'administration de M. de Vaublanc et de l'épiscopat de Mgr Jauffret, sont dépourvues de tout incident. C'est une période calme entre les débuts du régime concordataire et les derniers temps de l'Empire. On ne voit guère en Moselle de preuves d'une opposition cléricale déchaînée par le conflit entre le Pape et l'Empereur. Le 28 février 1811, le baron de Vaublanc avertit ses sous-préfets de surveiller la conduite et les discours des prêtres, qui peuvent être mécontents des mesures de rigueur prises contre quelques membres du chapitre de Paris, mais une seule réponse est conservée aux Archives, celle du sous-préfet de Thionville, qui affirme que l'esprit du clergé est bon. Mais si aucune difficulté d'ordre politique n'est à signaler, les petits incidents locaux, minimes ou même ridicules en eux-mêmes, vont se multiplier en 1812 et 1813 et finir par agacer singulièrement l'Administration préfectorale.

Voici un desservant du pays de Bitche qui pousse ses paroissiens à couper les arbres dans les bois communaux; voici des dénonciations mutuelles du maire et du curé. Le curé de Sierck, pour avoir, en décembre 1812, témoigné en chaire de son désir de voir la paix rétablie, est accusé d'avoir fait un sermon hostile à l'Empereur. Voici surtout, entre tant d'autres, les conflits de Raville et de Gross-Rederching.

L'affaire de Raville débute par une plainte des marguilliers au Procureur général. Ils sont quatre acquéreurs de biens nationaux, dont le maire et l'adjoint : le nouveau desservant les a diffamés. Il a placé à Fouligny, où la langue vulgaire est le patois allemand, un instituteur allemand, alors que les enfants allaient auparavant à l'école toute française de Raville. Il a privé l'instituteur des fonctions de sacristain, abusé du pouvoir de la confession pour engager les parents à ne plus envoyer les enfants à son école. Mais que croire de pareilles plaintes, quand on voit un mois après, en mai 1813, le maire demander, au nom du Conseil municipal, le remplacement de l'instituteur Deprette, coupable de désobéissance au curé, et persister en juin dans cette attitude nouvelle? Le préfet charge alors le maître de poste de Fouligny de faire une enquête. Elle est défavorable au desservant, accusé de vouloir changer de sacristain sans l'autorisation de son conseil de fabrique. Le baron de Vaublanc se plaint alors à l'évêque : le vicaire général répond que cet incident vient des menées d'un prêtre défroqué retiré à Raville; il ajoute qu'un conseil de fabrique ne peut agir que sur la proposition du prêtre, qu'il ne peut maintenir un chantre dont le desservant se plaint. Comme chantre, Deprette ne dépend que de l'autorité spirituelle; comme instituteur, il ne relève que de l'autorité civile. Indigne d'être chantre, Deprette peut être digne d'être instituteur. Telle est la doctrine épiscopale : en théorie, elle semble excellente, chacun restant maître dans son domaine. En pratique, elle aboutit à de nombreux conflits, car l'instituteur est si mal payé qu'il ne peut vivre qu'en étant aussi chantre, sacristain, et en perdant une de ses places, il perd l'autre. Ainsi l'Église reste-t-elle maîtresse du sort des instituteurs. Enfin le vicaire général termine en priant le préfet de ne point tenir compte de ces pétitions rédigées au cabaret, le dimanche pendant les vêpres, par quelques brebis galeuses. D'ailleurs, l'influence du desservant de Raville est telle qu'il pousse bientôt le maire à accuser d'immoralité l'instituteur Deprette, à qui il avait précédemment remis un bon certificat. Le préfet ordonne une seconde enquête, et finit par blâmer le maire, par proclamer calomnieuses les accusations extorquées par le desservant. Il maintient l'instituteur et se plaint à l'évêque. Que d'énergie déployée pour un incident après tout minime, mais qui n'est qu'un exemple entre d'autres des positions opposées prises par les deux autorités, des résultats contraires des enquêtes civiles et ecclésiastiques.

A Gross-Rederching, le conflit s'engage en juin 1813. Le maire veut que tous les enfants aillent à l'école de l'instituteur, qui sait le français; le curé veut que les filles aillent chez la sœur, qui ne sait que l'allemand. Le maire accuse le curé d'avoir insulté les habitants, d'avoir suivi la procession à cheval et chanté la messe avec des éperons d'argent, comme les ci-devant chevaliers de Malte. Pour l'évêque, le desservant est innocent de tout, il ne s'agit que de passions locales. Le maire accuse alors le curé d'avoir refusé de confesser et d'enterrer un ancien militaire. L'évêque répond que le maire, Allemand faible d'esprit, signe tous les actes français que lui présente le greffier, homme irreligieux et tout-puissant, parce que percepteur des contributions. C'est ainsi qu'à propos de chaque conflit local, il est impossible de trouver la vérité.

Il est enfin une dernière cause de conflit, la plus fréquente, la plus délicate : c'est le cas du prêtre accusé d'exigences religieuses excessives, de piété trop rigide. L'autorité civile se heurte alors en vain à l'autorité ecclésiastique retranchée dans le domaine spirituel. Aux premiers jours du Concordat, le préfet Colchen avait pourtant osé s'engager sur ce terrain. En janvier 1803, lors d'une épidémie, le desservant d'Argancy avait alarmé les habitants en administrant publiquement les sacrements. Le préfet le contraignit à résider à Metz, à s'y présenter chaque jour devant la municipalité. L'évêque l'ayant replacé à la campagne, Colchen fit immédiatement revenir au chef-lieu ce prêtre trop zélé, et M#gr# Bienaimé s'inclina.

Une solution aussi énergique est l'exception. En 1813, le maire de Freybouse se plaint en vain de l'intransigeance du desservant, qui injurie la jeunesse et lui interdit le jeu de quilles, inséparable des beuveries dominicales. Voici plus grave : le vicaire de Bitche refuse la confession à un garde général des Forêts, qui avait infligé une amende. Le sous-préfet intervient aussitôt : « Vous savez, Monsieur le Préfet, l'ascendant que les ministres du culte ont sur les habitants des contrées de Bitche où le peuple est très religieux. Si on tolérait des abus de la nature de ceux dénoncés, il serait à craindre pour la conservation des forêts. » Mais l'évêque innocente le vicaire, abrité derrière le secret de la confession, et ajoute que le garde général n'avait qu'à chercher un autre confesseur. Le préfet n'insiste pas.

La chute de Napoléon ne met point un terme à ces incidents, tout au contraire : près de cinquante cas vont être signalés au préfet entre 1814 et 1820. Moins sévèrement tenu par l'Administration civile, le clergé ne se montre point d'humeur accommodante et les querelles locales se multiplient, ce qui prouve bien qu'elles n'ont point à cette époque de caractère vraiment politique. Plus tard, les partis sauront s'en servir dans leur intérêt, les rattacher à une doctrine. Pourtant, leur véritable cause n'est point une propagande anticléricale, mais le caractère autoritaire de trop de prêtres de campagne, la rudesse de trop de maires. En septembre 1814, le desservant de Guéblange invective les magistrats qui avaient permis de rentrer les récoltes le dimanche après l'office, droit que reconnaît pourtant l'ordonnance du 7 juin 1814 sur le repos dominical. Le préfet demande le changement de ce prêtre, dont l'évêque promet seulement de calmer le zèle.

Mais, pour bien comprendre ce que sont ces incidents, il suffit d'étudier celui dont la petite ville de Sarralbe fut le théâtre en novembre 1814. Lors de la fête patronale, le vicaire était venu quêter au bal de l'Hôtel de Ville. Quelques jours après, il s'éleva du haut de la chaire contre les plaisirs de la société. D'après le rapport du maire, qu'il faut bien citer malgré la violence des termes, il a dit n'avoir vu que des personnes nues ; il s'est écrié que toutes ces filles étaient des putains, que leurs mères étaient des mères de putains et leurs pères des adultères. Le maire craint des troubles, tant la société de Sarralbe se sent offensée, et demande le départ du vicaire. Une enquête ecclésiastique a lieu, et naturellement l'accusation se retourne. Le vicaire général accuse l'adjoint d'avoir injurié le vicaire, d'avoir voulu le faire descendre de la chaire. Le curé d'Hellimer, chargé de l'enquête, transmet une traduction française du sermon allemand incriminé. L'insulte personnelle aux habitants de Sarralbe disparaît, mais le ton reste violent. Pour détourner les fidèles de la danse, le vicaire s'est écrié : « Vous êtes tentés et consentez aux tentations quand vous êtes seuls, en travaillant et buvant de l'eau ; et vous ne tomberiez pas quand vous êtes oisifs, ayant le ventre plein et le sang échauffé ? Des regards lascifs, des ris si pétulants, des attouchements si impudents, des baisers illicites et si répétés, la manière si immodeste de s'habiller, comme je l'ai vu de mes yeux, des personnes du sexe à seins découverts, sont, selon la morale de l'Évangile, non seulement des dispositions ou occasions de péché, mais déjà le péché de l'impureté même, non pas, à la vérité, l'impureté consommée, mais une impureté qui exclut aussi bien que la première du Royaume des Cieux. » Il ne restait plus au préfet qu'à blâmer l'adjoint d'avoir traité le vicaire de polisson, et à l'évêque qu'à rappeler l'auteur de ce singulier sermon aux règles de la prudence.

Mais la véritable conclusion de cet incident, comme de tant d'autres, est donnée par la lettre qu'à ce propos le comte de Vaublanc adressa à Beugnot, directeur général de la police, le 28 décembre 1814. En voici l'analyse : la Lorraine allemande est le théâtre de bien des scènes scandaleuses. Par exemple, le curé de Faulquemont a dit à ses paroissiens qu'ils s'approchaient de la table sainte comme les cochons d'une auge. Si les prêtres de ces cantons ont peu de douceur et de charité dans leur ministère, ils en ont moins encore dans la vie civile. « Ils se mêlent de tout, dit le préfet, veulent tout ordonner, tout gouverner : de là des discussions, des luttes entre eux et l'autorité civile. » L'évêque et le préfet ont beaucoup de peine à les apaiser et n'en entretiennent jamais l'autorité supérieure. Le manque de prêtres oblige l'évêque « d'employer des hommes mal élevés et malheureusement surtout d'anciens moines allemands nés dans la poussière des cloîtres et qui n'ont aucune sorte de culture ». La Moselle compte bon nombre de prêtres luxembourgeois, de peu d'éducation, qui n'ont prêté nul serment à la France. « Ils manquent d'instruction; leur zèle aveugle n'a ni règle, ni mesure. » Quelques-uns sont respectables et devraient être naturalisés. Dans le brouillon de sa lettre, le préfet se montrait encore plus net. « Journellement, disait-il, particulièrement dans les communes qui font partie de l'ancienne Lorraine allemande, les curés et desservans cherchent à lutter contre l'autorité administrative, ils saisissent avec empressement toutes les occasions de l'affaiblir, ils voudraient la subordonner à leurs fonctions spirituelles; les querelles se multiplient de jour en jour, et toujours les desservans coupables parviennent ou, à justifier complètement leur conduite, ou, à pallier des torts qui se renouvellent par l'impunité. Des ecclésiastiques leurs voisins, et presque toujours leurs amis, sont chargés par l'Évêché de faire secrètement une enquête, qui, toujours, est à l'avantage de l'accusé. Ne serait-il pas bien, en cet instant où la tranquillité a besoin de n'être plus troublée, de recommander aux ecclésiastiques une indulgente tolérance lorsqu'on a que faiblement manqué aux égards qu'ils méritent, et l'éloignement total des objets qui appartiennent à l'Administration ou à la police. »

C'est en ces termes que le second préfet de la Moselle répondait, en novembre 1814, à l'accusation portée contre son département d'insulter journellement les prêtres. Ces termes sont particulièrement curieux, sous la plume du comte de Vaublanc, qui, certes, n'avait jamais partagé les idées révolutionnaires. Royaliste pendant toute la Révolution, rallié à l'Empire qui le fit préfet, il allait devenir en 1815 le ministre de l'Intérieur de la Chambre introuvable, l'ami des ultras. Son langage n'était guère différent de celui du préfet Colchen, l'ancien ami de Collot d'Herbois, qui, le 2 mai 1804, écrivait au Grand Juge Régnier : « En général, je ne suis pas très content de la conduite des prêtres allemands; la plupart sont des hommes sans éducation et dont la tempérance n'est pas la première vertu. » La similitude de ces rapports conduit à penser que ces plaintes presque incessantes dont fut l'objet le clergé local en une région fort religieuse, sont une affaire de caractère plutôt que de politique. Cette étude arrêtée en 1815 n'est qu'une préface : si on la poussait jusqu'en 1870, on retrouverait sous tous les régimes les mêmes plaintes, les mêmes querelles locales, les mêmes réactions d'une Administration soucieuse de maintenir ses droits, de ne pas se laisser submerger sous l'influence cléricale, mais aussi les mêmes réactions de l'autorité diocésaine toujours prête à soutenir son clergé, et souvent impuissante à le maîtriser entièrement dans ses interventions excessives, dans son humeur autoritaire. Les mêmes difficultés pourront se rencontrer dans les régions de langue française du département, mais plus rarement et avec une certaine atténuation. Mêlées au problème de l'enseignement de la langue nationale dans les cantons allemands, elles créeront parfois aux préfets d'assez lourds soucis, notamment à la veille de la guerre de 1870.

Henry CONTAMINE,
Professeur agrégé d'histoire au Lycée de Metz.

IMPRIMERIE BERGER-LEVRAULT, NANCY-PARIS-STRASBOURG — 1930